中国古代体育与健身

徐 潜/主编
张 克 崔博华/副主编
王晓磊 孔 妍/编 著

吉林出版集团 吉林文史出版社

图书在版编目（CIP）数据

中国古代体育与健身 / 徐潜主编 . —长春：吉林文史出版社，2013. 4（2025.11重印）

ISBN 978-7-5472-1518-0

Ⅰ. ①中… Ⅱ. ①徐… Ⅲ. ①古代体育-体育锻炼-中国-通俗读物 Ⅳ. ①G812. 92-49

中国版本图书馆 CIP 数据核字（2013）第 063657 号

中国古代体育与健身

ZHONGGUO GUDAI TIYU YU JIANSHEN

主　　编 徐　潜
副 主 编 张　克　崔博华
责任编辑 崔博华
装帧设计 映象视觉
出版发行 吉林文史出版社有限责任公司
地　　址 长春市福祉大路 5788 号
印　　刷 唐山富达印务有限公司
版　　次 2013 年 4 月第 1 版
印　　次 2025 年 11月第 5 次印刷
开　　本 720mm×1000mm　1/16
印　　张 11
字　　数 250 千
书　　号 ISBN 978-7-5472-1518-0
定　　价 68. 00 元

序　言

民族的复兴离不开文化的繁荣，文化的繁荣离不开对既有文化传统的继承和普及。该书就是基于对中国文化传统的继承和普及而策划的。我们想通过这套图书把具有悠久历史和灿烂辉煌的中国文化展示出来，让具有初中以上文化水平的读者能够全面深入地了解中国的历史和文化，为我们今天振兴民族文化，创新当代文明树立自信心和责任感。

其实，中国文化与世界其他各民族的文化一样，都是一个庞大而复杂的“综合体”，是一种长期积淀的文明结晶。就像手心和手背一样，我们今天想要的和不想要的都交融在一起。我们想通过这套书，把那些文化中的闪光点凸现出来，为今天的社会主义精神文明建设提供有价值的营养。做好对传统文化的扬弃是每一个发展中的民族首先要正视的一个课题，我们希望这套文库能在这方面有所作为。

在这套以知识点为话题的图书中，我们力争做到图文并茂，介绍全面，语言通俗，雅俗共赏。让它可读、可赏、可藏、可赠。吉林文史出版社做书的准则是“使人崇高，使人聪明”，这也是我们做这套书所遵循的。做得不足之处，也请读者批评指正。

编　者

2014 年 2 月

目 录

中国气功

气功是以调心、调息、调身为手段，以防病、治病、健身、延年、开发潜能为目的的一种身心锻炼方法。调心是调控心理活动，调息是调控呼吸运动，调身是气功锻炼的基本方法。气功是人们在生产、生活、医疗保健等多种实践中逐渐总结而形成的。

一、气与气功

（一）人体之气

人体之气根据组成不同、分布不同、功能不同、特性不同而分为四种：

1.元气

元气又名原气、真气，是人体最根本、最重要的气，是人生命的原动力。元气主要是肾所藏的先天精气，同时也依靠后天水谷精气的补充。

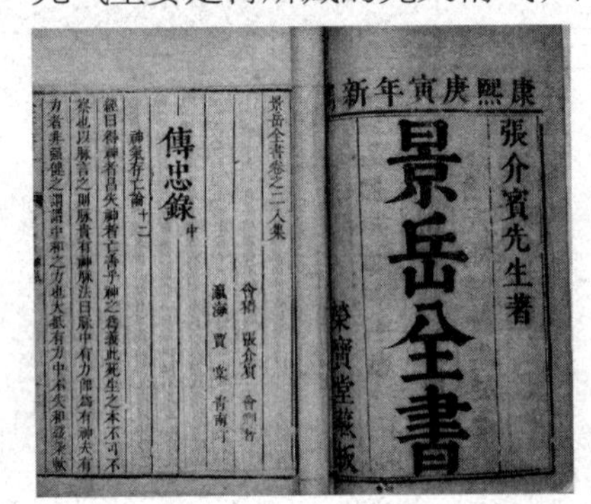

《景岳全书》中说：“故人之自生至老，凡先天之有不足者，但得后天培养之力，则补先天之功，亦可居其强半，此脾胃之气所关于人生者不小。”这里所说的脾胃之气即后天水谷精气。

元气源于肾，通过三焦流布全身，内至脏腑，外达肌肤，作用于人体的各个部分。它的主要功能是推动人的生长和发育，温暖各脏腑、经络等组织器官，使其进行正常的生理活动。因此，元气是人生命活动的原动力，是维持生命活动的最基本的物质。

人体元气充沛时，脏腑、经络功能就好，生命力就强，体质就壮。

如果人体先天不足，或后天营养不良，或久病不愈、劳累过度、房事不节等会使元气耗损太过，都会导致元气不足，从而发生脏腑、经络功能失调的病变。

2.宗气

宗气是由脾胃吸收的水谷精气与肺从自然界吸入的清气相互结合而成，积于胸中，贯注于心脉和肺脉。

宗气的主要功能有二：一是推动呼吸，人的声音、呼吸有强有弱，都与宗气的盛衰有关；二是行气血，凡气血的运行、肢体的寒温、肢体的活动能力、视听的感觉能力、心搏的强弱等，都与宗气的盛衰有关。人的心肺之所以像永动机一样不停地工作，正是宗气在起作用。

宗气的盛衰取决于脾胃的运化功能和肺的呼吸功能。

3.营气

营气是脾胃吸收的水谷精气中的精华行于脉中的部分，它成为血液的组成部分。《素问·痹论》中说："营者，水谷之精气也。和调于五脏，洒陈于六腑，乃能入于脉也。故循脉上下，贯五脏，络六腑也。"

营气的生理功能主要是营养血液和化生血液，正如《灵枢·邪客篇》所说："荣气（营气）者，泌其津液，注之于脉，化以为血，以荣四末，内注五脏六腑。"

4.卫气

卫气由脾胃吸收的水谷精气中的部分精气化生而成，它行于脉外，活动力强，流动迅速，运行于皮肤、肌肉之间，护卫肌表，防止外邪入侵；温养脏腑、肌肉、皮毛等；同时调节控制腠理的开合、汗液的排泄，以维持体温的相对恒定。正如《灵枢·本藏篇》所说："卫气者，所以温分肉，充皮肤，肥肤理，司开合者也。"又说："卫气和，则分肉解利，皮肤润柔，腠理致密矣。"

综上所述，宗气、营气与卫气都是水谷精气所化生的，都是后天之气。

除以上四种最主要的气之外，人体还有脏腑之气和经络之气。脏腑之气如心气、肺气、胃气、肾气等等。经络之气指任脉、督脉、十二经之气。脏腑之气与经络之气是元气所派生的，元气分布在不同的脏腑和经络，即成为某脏腑之气或某经络之气。

元气不足的人练气功尤为重要，练气功可以调动人体潜能，激发各脏腑、经络等组织器官的生理活动，增强人的体质，使人生命力旺盛，精力充沛。

宗气不足的人常有心脏搏动失常、心律失常等症，或有语言、呼吸障碍，通过练气功可改善人的心电图，使其心律恢复正常，可改善呼吸、语言不利等情况。

营气虚的人通过练气功可以提高血色素、血小板、红血球的数量，改善贫血情况。

卫气虚的人通过练气功可以增强抵抗力，减少感冒，改善天寒手足冷的现象。

在中医学中，人体的生理功能与抗病能力称"正气"，体内致病物质或使人致病的外界因素称"邪气"，体内多余的、不正常的水液称"水气"。

练气功能增强正气，排出邪气和水气，不受邪气干扰，健康长寿。

（二）大自然之气

人体之气除禀受父母的先天之气和摄取食物中的水谷之气以外，还有更重要的来源，即大自然之气。人摄取大自然之气比起摄取食物之气更重要，人可以几天不吃不喝，但大自然之气须臾不能离。

人的生成和万物一样，都是天地自然的产物。人的生成本身就是“气”的作用，维持人体生命离不开大自然之气。

人体通过肺吸入大自然之气。肺是体内外气体交换的场所，通过肺的呼吸，吸入自然界的清气，呼出体内的浊气，实现了体内外气体的交换。通过不断的呼浊吸清，吐故纳新，促进气血的生成，调节气血的升降出入运动，从而保证了人体新陈代谢的正常进行。

练气功时，无论是有意识“调息”，还是通过练功自然达到呼吸的均匀协调，对人体都能起到很重要的调节作用。

人的皮肤也可以摄取大自然之气。当外邪侵犯皮毛，腠理闭塞，卫气郁滞时，就会影响到肺，致使肺气不畅。肺与皮毛是相通的，大自然之气可以通过皮毛到达肺部。不常游泳的人到水里后，虽然口鼻在外，也会有胸闷气短的感觉。这与突然减少了皮肤的呼吸作用，而光靠肺呼吸有关。

练气功的人练到一定程度时，不仅可以减少肺部呼吸的次数，而且可以有相当一段时间不呼吸。这是因为练气功可以增大肺活量，更因为练气功可以增强皮肤的呼吸功能。因此，中医称汗孔为“气门”。汗孔不仅可排泄由津液所化生的汗液，也能进行体内外的气体交换。因此，人体内的精气有一部分是皮毛摄取的大自然之气。

月亮上没有生物存在所需要的精气，因此就没有生物；而地球上有这种精气，所以能产生生物。这种地球上独有的大自然之气对地球上生命的出现起到了决定性的作用。

大自然之气对人体来讲是体外之气，但它和体内之气是相通的。但是，人受大自然之气的影响不是消极的，被动的，通过练气功可以更多地摄取大自然之气中的营养成分，达到健康长寿、调动人体潜能的目的。

练气功可以吸取大自然之气，大自然之气对于人体之气的补充是极其重要的。因为人即来源于大自然，是大自然之气运化而成的。人在练气功时，大自然之气会融入人的体内，胜于一切补气良药。

（三）气功

气功是以调心、调息、调身为手段，以防病、治病、健身、延年、开发潜能为目的的一种身心锻炼方法。调心是调控心理活动，调息是调控呼吸运动，调身是调控身体的姿势和动作。调心、调息、调身是气功锻炼的基本方法。气功是人们在生产、生活、医疗保健等多种实践中逐渐总结而形成的。

气功在我国有着悠久的历史，有关气功的内容在古代通常被称为导引、服气、炼内丹、坐禅等。这里的“气”指人体最初的先天能源，而气功锻炼主要是通过后天的呼吸等方法来接通先天的“气”，从而达到养生健身、延年益寿的目的。

气功的种类繁多，主要可分为动功和静功。动功是指以身体的活动为主的气功，如导引派以动功为主，强调与意识和气相结合的肢体操作。而静功指身体不动，只靠意识，呼吸的自我控制来练气功。大多气功方法是动静结合的。

宗教中，道教的道士练内丹，佛教的僧人坐禅，练内丹和坐禅都包含气功。

道教历来称气功为“内丹”，认为仙丹不必外求，就在人体之内。将人体作为炼丹的炉子，精、气是药物，运用人的神去烧炼，而能使人体内的精、气、神凝聚不散，结成圣丹，即内丹，也就是仙丹。练成后，能让气按照一定的线路在人体经络间有节奏地运行，在运行中不断的吐故纳新，使人永远充满活力，为人的长寿提供原动力。这股原动力也称“金丹”或“内丹”。

坐禅是僧人或居士修身、养性、养生、悟道的一种修炼方式，要坐着习练，故称坐禅。要闭目端坐，凝志静修。坐禅，简称“禅”，意谓思维修或静虑。坐禅即趺坐修禅，是佛教修持的主要方法之一。因坐禅时要调心，调息，调身，所以坐禅本身也是一种气功。

气功与宗教有联系，但有本质的区别。气功作为一门科学，不涉及各教派的宗旨与教义，只从教徒的修炼实践中提取科学的内涵。道藏、佛经中记载了不少古代气功的资料，而宗教中的一些理论也常为练功者所借鉴。

气功常配合武术或静坐一起练习，练针灸的中医也常透过练习气功来增进疗效。

气功疗法与体育疗法有联系又有区别，它可以包括体育疗法，但体育疗法却代替不了气功疗法。肢体运动是气功调心的手段之一，呼吸运动也是为调心服务的，三调是统一的整体，而以调心为核心。内练与外练是结合的，应以内练为主。气功是通过调神的自我锻炼，使自身气机变得协调的锻炼方法。

气功疗法的特点是发挥病人的主观能动性，在医生指导下通过自我锻炼来加强自我控制能力，从而达到治病健身的目的。

调心指调整精神活动，使之集中、专一，不可心猿意马。《天台止观》中将调心分为三步：入定、住定、出定。调心又可分为运用意识和修养意识两方面：运用意识指将心固定在一个点上，修养意识指反省自己，让心趋于善良。

调息就是对呼吸的训练，古代称为吐纳、行气、炼气、调气、食气等。长沙马王堆汉墓出土的帛书里有《却谷食气》篇，要求睡前和起床后调息。道教一向重视调息，《道藏》中收录的《服气经》、《服气口诀》、《服气精义论》等都介绍了道教的调息功法，种类繁多。王充在《论衡·道虚论》中说：“食气者，寿而不死，虽不谷饱，亦以气盈。”

传统的气功将呼吸分为自然呼吸、腹式呼吸和提肛呼吸三种，其中最常用的是腹式呼吸。

有的功法要求在吸气后有意使呼吸停下来，过一小段时间再呼出气来，停顿时间的长短要根据练功者的具体情况而定。

气功要求在调息前先使姿势舒适，肌肉放松，情绪稳定，然后才调息，如果一开始就调息，会感到呼吸急迫。

调息要循序渐进，达到深、长、细、匀的呼吸。这样，能在呼吸中吐出体内浊气，吸纳天地清气，增进健康。

调身是练功者在练功时调整自己的体位，从而达到正确的姿势，以利于调心和调息。通常所采用的姿势有多种，其中坐、卧、站的应用比较普遍，行走的姿势则较少采用。

坐式分为平坐、靠坐、盘坐、跪坐式。

卧式分为仰卧、侧卧、三节式、半卧式。

站式分为三圆式、下按式、伏虎式。

走式最常用的是太极步。

调身的要点在于舒适、自然，好能长时间地坚持锻炼，有利于精神集中。

各种功法对调身的要求有所不同，但其共同点是均要做到“四要两对”。四要：一要轻轻地合上嘴，两目微闭，露一线之光；二要沉肩垂肘，即两肩松开，两肘垂下；三要放松颈部，胸略内收，即含胸；四要舒腰松腹。两对：即鼻与脐对，从正面看，鼻子与肚脐在一条直线上；二为耳与肩对，从侧面看，耳垂正对肩头。

导引是古代的一种养生气功，通过呼吸吐纳，屈伸俯仰，活动关节，锻炼身体，增强体质，充分发挥、调动人的内在因素，积极地防病治病。

导引术起源于上古，原为古代一种养生术。春秋战国时期，导引术已经很流行了，受到人们的重视。

后来，道教承袭了导引术，将其作为修炼方法之一，认为它能调营气和卫气，消化水谷，驱除风邪，增益血气，治疗百病，延年益寿。道教继承了导引术后，将其进一步发展提高，强调由意念引导动作，配合呼吸，由上而下或由下而上地运气，使元气按照一定的循行途径和次序进行周流。

导引术的目的是导气令和，引体令柔，使血气流通，促进健康，俗称肢体导引为外导引，内气运行为内导引。

长沙马王堆汉墓出土的帛画是全世界现存最早的导引图谱，长约 100 厘米，与前面 40 厘米长的帛书相连。此图谱高 40 厘米，分上下 4 层，每层绘 11 幅图，共绘有 44 幅各种人的导引图。每图平均高 9 至 12 厘米，画有一个练导引的人像，有男有女，有老有少，或着衣，或裸背。除个别人持器械外，多为徒手。图旁注有导引名称，涉及动物的有鸟、鹞、鹤、鹯、猿、猴、龙、熊等。汉末，华佗把导引术式归纳总结为五种，名为“五禽戏”，即虎戏、鹿戏、熊戏、猿戏、鸟戏，比较全面地概括了导引疗法的特点，简便易行，对后世医疗和保健都起了推进作用，堪称造福人类多多。

千百年来的实践证明，气功不但可以强身健体，而且还可以祛病延年。

二、中国气功史

（一）人体之气

1975 年，考古工作者在青海乐都地区柳湾三坪台发现的马家窑时期的浮雕彩陶罐上，有一个练气功站桩的人形。这件实物说明中国气功至今至少已有五千多年的历史了。

中国最早的史书《尚书》里说，在四千多年前的唐尧时期，中国中原地区洪水泛滥成灾。百姓深受其害，大多被突如其来的洪水淹死，侥幸活下来的也都患了风湿病。《吕氏春秋·古乐篇》说，当时有人用有“宣湿导气”作用的“舞”来治疗“筋骨瑟缩不达”的风湿病，疏通经络，通气导滞，治愈了好多郁滞不通之疾。这种“舞”类似今天的健身气功，即一种导引术。这是中国有关气功的最早记载。

殷商时期，我们的祖先创制了干支纪日法，在石器、骨器的基础上发明了青铜器，推动了农业生产的发展。经济的辉煌推动了生活和文化的进步，人们对自然和自己的认识日益深刻。他们开始观察人体结构，对疾病的危害已有所了解，有了一定的医药知识。这一切都推动了气功的发展。

《中国人名大辞典》介绍说，传说殷商时有位长寿老人，名叫彭祖，活了 800 岁。他之所以长寿，得益于“常食桂芝，善导引行气”。所谓“导引行气”，即指练气功。

传说彭祖每天凌晨即起，端坐，揉目，按摩，舐唇，咽液，意守丹田，吸气数十遍，然后站起来模仿熊引颈，鸟伸翅，并运气发功。这套健身法被后人写成《彭祖引导法》。

当时，还有一位容成公，也是长寿老人，自称是黄帝之师，曾朝见周穆王。

他能善于食补、导引、养精气，发白复黑，齿坠又生。“导引”和“养精气”都指练气功。

上述两位长寿老人的事例虽是传说，有所夸张，但都是建立在现实基础上的。两位老人的事例说明殷商时不仅已有气功，而且气功效用非凡，能令人长寿，能令人返老还童。

春秋战国时期，我国封建经济和科学技术发展到第一个高峰，道家、儒家、法家、杂家、阴阳家等诸子百家相继出现，形成了“百家争鸣”的局面。

在这样的大环境中，人们对社会和自然的认识逐步加深，一些有识之士开始探索生命的的奥秘，并发现了一系列的保健方法，如导引、食气（服气）、吐纳、行气之术。这些都是气功，其形式多样，内容丰富。

春秋时期，齐国名相管仲精通气功，主张气功以心定为主。他说：“故能正能静，然后能定。定心在中，耳目聪明，四肢坚固，可以为精舍。”而要心定，则必端正身心，让心先静下来。管仲将自己的练功经验总结下来，留给后人，具有宝贵的指导意义。

春秋战国时期，老子的《道德经》对后世气功的发展很有影响。

老子在《道德经》中提出了气功养生的三大要素——调心、调息、调身。这是中国气功的理论基础。

同时，老子还提出了练功方法——“守一法”。“守一”的“守”指“意守”，“一”指身体的一个点，或一件自然景物，或一件其他事物。所谓“守一”，指意念集中于“一”，即指练功时意念集中于身体的一个点，或一件自然景物，或一件其他事物，也可以说是在众多的意念中，选择其中的一项，并对此一项意念活动保持较长时间的固定不移。

老子还提到了“或嘘或吹”、“绵绵呵其若存”的吐纳功法。

孔子提倡修身正心，主张凡事要“守中”，一切都要“守中”，当然也包括气功了。后来，气功学家将“守中”引入气功学。“守中”具体落实到练气功时，指在练功时，意念集中于身体或脏腑之中，不前不后，不左不右，不上不下，不能落在外边。

《庄子·刻意》中说：“吹呴呼吸，吐故纳新，熊经鸟申，为寿而已矣。此导引之士，养形之人，彭祖寿考者之所好也。”这是说练气功的人通过呼吸等手段达到了长寿的目的。

孟子说："吾善养吾浩然之气。"孟子的"养气"包括是养身之气与养心之气，养身之气即练气功，养心之气即正心。孟子强调练气功要重视道德修养，要修身，要正心，也就是一个人在躯体健康、心理健康和道德健康三方面都健康的人才算真正的健康。

战国时期，大儒荀子也对练气功提出了指导方法。《荀子·修身篇第二》里说："治气养心之术，血气刚强，则乘之以调和。"弓弦太紧了容易断，人的血气过强反而对身体有害，而气功正好可以调和血气。

《吕氏春秋》提出了动静结合的观点，对后世气功修炼产生了十分重大的影响。吕氏首先指出了"静"的重要性，说只有静，也就是"精神安乎形"，而后"年寿得长焉"。接着，吕氏又指出了"动"的重要性："流水不腐，户枢不蠹，动也，形气亦然，形不动则精不流，精不流则气郁。"对于人来说，尤其是练气功的人，必须动静结合。由于静与动对人体来说都是非常重要的，因此最好的方法是动者宜静，静者宜动。只有这样，才能纠偏。

战国时期出现了专门研究养生并以养生为务的"神仙家"，这也是诸子百家之一。他们的杰出代表是王乔与赤松子，他们的气功功法对后世影响很大。

《战国行气玉佩铭》是公元前 5 世纪末至 4 世纪初一件反映气功历史的珍贵文物，玉佩是玉制饰物，中空，十二面体，刻有四十五个铭文，是迄今为止最早且完整描述气功锻炼的实物，表明战国时期气功功法已达到相当高的水平。

先秦时期，从事气功研究的方士有羡门高綮、上成郁林、公乐聚谷等。这些方士研究气功，收获甚丰：通过休息以利于体力恢复的气功养生、有实践指导的预防养生、针对具体疾病的导引气功。战国后期，社会上气功养生术已经普遍流行了。

《黄帝内经》是我国第一部中医经典，成书于战国至汉初年间，系统地论述了气功，提出了气功功法，从而奠定了气功的医学基础。

《黄帝内经·素问·上古天真论》中说："余闻上古有真人者，提挈天地，把握阴阳，呼吸精气，独立守神，肌肉若一，故能寿比天地，无有终时，此其道生。"这里面所说"呼吸精气"、"独立守神"、"肌肉若一"已有了三调一调气、调心、调身的雏形。这种对远古时期人们修炼气功境界的描述十分准确，极为可贵。

《黄帝内经》的医学理论源于我们祖先的实践，极具指导意义，是我国中医的经典。它所奠基的气功学，古时称为“黄老之学”。

《黄帝内经·素问·上古天真论》又说：“虚邪贼风，避之有时，恬淡虚无，元气从之，精神内守，病安从来。”这里谈到了气功的功效和给人们带来的好处。

《黄帝内经·素问·遗篇刺法论》介绍了气功治疗慢性病的具体方法：“入静”、“气贯丹田”、“舌抵上腭”、“叩齿吞津”、“玉液还丹”等等，可谓启迪后人，造福子孙。

《黄帝内经》还说：“中央者，其地平以湿……故其病多痿厥寒热，其治宜导引按跷。”这里对治病提出了指导方法，介绍了气功功法“导引按跷”。

汉朝皇帝鉴于秦朝灭亡的教训，提倡与民休息的国策，国家渐趋安定，百姓得以安居乐业。这在客观上为气功的发展提供了一个良好的环境。汉朝医学有了较大的发展，气功学也因此受到良好的影响。汉初，统治阶级曾一度提倡“黄老”之术，气功受到一定的重视。

西汉时期，科学发展，文化进步，以生命科学为中心的论著纷纷问世，如《淮南子》、《素书》、《春秋繁露》、《韩诗外传》、《申鉴》、《老子指归》、《论衡》、《老子河上公章句》、《太平经》等。

在这些书籍中，有的篇章直接阐述气功养生，对发展气功有较大的推动作用。后世气功家观察自然、社会与生命的关系，多以这些著作为指导。

《老子指归》对“道”的论述，明确提出“道”即是平衡，是事物形成过程中的相对稳定状态，较先秦诸子所述平衡问题在气功中的应用更为具体。

馬元臺先生原本
錢唐高士宗增註
黄帝内經素問直解
三餘堂梓

素問直解序
著述家書成必序序者序著述之由
約以數語明此書之有裨於世也余
於黄帝素問一書殫心研註十載告
竣名曰直解自謂有是經宜有是解
有是解宜付剞劂[illegible]

《淮南子》对气功基本理论和实践功法进行了具体阐述。《太平经》阐述了大量的气功功法，在众多论著中首屈一指。这样，气功在理论认识上有了显著的提高。

西汉时期，气功渐渐深入人心，受到人们的重视。有用于预防疾病的，有

用于治疗外感、内伤的，有用于养生的，连普通民众也开始应用气功了。

在实践中，气功功法越来越多，如荀悦的“关息法”重在壮阳；刘安主张“形神志气，各尽其宜”；韩婴主张“君子务结心乎一”；董仲舒主张“心平和而不失中正”；陆贾主张“宁其心而安其性”；徐平主张“疏神达思，怡情理性”；严君平主张“其为化也，变于不变，动于不动；反以生复，复以生反，有以生无，无以生有，反复相因，自然是守”，这是说练气功要在不变中变，不动中动，在相对稳定中运动。此外，有人侧重养阴的功法，认为静能生阴，多从静功方面修炼。有人养阴时注重精、血、津液等体内物质的获得上，如长沙出土的青铜镜铭文说：“尚方佳镜真大巧，上有仙人不知老，渴（饮）玉泉饥食枣。”“渴饮玉泉”指练气功时吞咽口中分泌的唾液。

西汉时期，健身气功越来越普遍。湖南长沙马王堆汉墓出土的文物中有帛书《却谷食气篇》和彩色帛画《导引图》。《却谷食气篇》介绍了呼吸吐纳方法。《导引图》堪称最早的气功图谱，其中绘有四十四幅模仿动物运动的图像，有男女，有老少，都着平民装束，导引姿势复杂多变，涉及到人体的全身。其中有仿生的“鹞背”、“龙登”、“熊经”、“鸟伸”，比《庄子》中所说的“熊经鸟申”有了新的发展，被公认是后世“五禽戏”的源头。这是我们祖先用气功防治疾病的真实写照。有的图上还注明了导引作用，并强调意识活动要与动作协调，这正是气功的要点。

东汉时期，佛教传入中国，佛家的一些修持方法被人们用于气功养生手段，从而丰富了气功功法。

东汉末年，神医华佗在气功学方面贡献颇大。他创制的五禽戏，包括虎、鹿、熊、猿、鸟五戏，练时模仿虎、鹿、熊、猿、鸟的动作，是系统全面的健身功法，促进了气功的发展。为此，陈寿特地在《三国志》中为华佗立了传。《三国志·华佗传》说：“广陵吴普从佗学，佗语普曰：‘人体欲得劳动，但不当使极耳。动摇则谷气得消，血脉流通，病不得生。譬犹户枢不朽是也。是以古之仙者为导引之事。熊颈鸱顾，引挽腰体，动诸关节，以求难老。我有一术，名五禽之戏，一曰虎，二曰鹿，三曰熊，四曰猨，五曰鸟，亦以除疾，并利蹄足，以当导引。体中不快，起作一禽之戏，沾濡汗出，因上著粉，身体轻便，腹中欲食。’普施行之，年九十余，耳目聪明，齿牙完整。”吴普听老师的话，开始练五禽戏，90 多岁时仍耳聪目明，牙齿完好。由此可见气功对人体的好处是可信的，的确能够让人延年益寿。

三国时期，女气功学家魏华存研究气功养生法，著有《黄庭内景经》、《黄庭外景经》，论述了脑神经及心、肝、脾、肺、肾等五脏，提高了气功对人体结构及脏腑间的联系，还发明了“出日入月呼吸存法”和“思一法”，对后世气功学说有很大的影响。“思一法”有调神作用，可用以稳定脑神，是补脑安神的极好的气功功葛洪是中国东晋时期有名的医生，字稚川，自号抱朴子，丹阳句容（在今属江苏），所著《抱朴子·内篇》是道教仙学经典著作，共二十卷。此书包括道教理论、神仙方药、鬼怪变化、养生延年等内容，为道教仙学集大成之作。书中阐述了长生不老学说，提供了先秦以来各类内炼养生方法。其中有关气功的内容，集中地反映在《对俗》、《至理》、《释滞》、《杂应》、《地真》等篇章中。明代的刊本《抱朴子·内篇》，末附《别旨》一卷，专述吐纳导引，为气功专篇，极有参考价值，对推动古代气功的发展起了很大的作用。他认为导引能“疗未患之疾，通不和之气”，可以延年益寿。

这时，用于治疗各种内脏疾病的“导引术”有了新的发展，气功也越来越普及了。

许逊创编了“补肝三势”、“补脾三势”、“补心脏三势”、“补肺脏三势”、“补肾脏三势”，可以治疗五脏疾病，方法简明易行，确有疗效，即现代十分有名的“立式八段锦”的原型。

许逊是西晋人，曾任旌阳县令，爱民如子。有一年，旌阳大水为患，低地颗粒无收，许逊让大批农民到官府田里耕种，以工代税，使灾民获得解救。当时瘟疫流行，许逊便用自己学得的药方救治，药到病除，人民感激涕零，敬如父母。许逊在旌阳十年，居官清廉，政绩卓著。晋惠帝太熙元年（290年），鉴于晋室将有大乱，料知国事已不可为，许逊挂冠东归。起程时，送者蔽野；有的为他建生祠、画神像，终年祭祀；有的千里跟随来到江山，聚族而居，与许逊为伴，都改姓许，人称“许家营”。许逊说为人品德第一，主张练功先练德，无德练气功也无益。他的名言是“存心不善，风水无益；父母不孝，奉神无益；兄弟不和，交友无益；行

華佗

止不端，读书无益；心高气傲，博学无益；作事乖张，聪明无益；不惜元气，服药无益”。

《灵剑子》是许逊撰写的气功导引著作，书中以四季配五脏，设计了十六个姿式，组合成一套完整的气功动功功法。每个姿式详述具体练法及功效，简单易行，深受人们喜爱。

晋代以后，各种气功功法相继出现，如南朝梁刘勰主张“静则养神”，发明了“理神法”，可以调节精神，稳定情绪。

南北朝时，陶弘景、陆修静、颜之推对气功的发展也有较大的贡献。

陶弘景著有《养性延命录》、《真诰》，创制了许多具有实效的气功功法，如以活动身体，动摇四肢，增进健康的“导引按摩法”和极其有名的“六字服气法”。

陶弘景是南北朝时南朝齐梁之间的名人，世医出身，祖父及父亲皆习医术，且有武功。他自幼聪慧，约 10 岁时即读葛洪《神仙传》，深受影响。陶弘景博学多识，读书逾万卷，于六经诸子史传无所不通，17 岁时便在南朝出名了。齐高帝作丞相时，引荐他为诸王侍读，朝仪大事多取决于他。他虽身在朝廷，却独居一室，昼夜研读，对于养生服食导引诸道，渐能通幽探微，大彻大悟，遂萌隐居修行之志。齐武帝永明十年（492 年），他决意辞官，隐居句容茅山，并遍历名山采药，习练导引之术。他深受梁武帝萧衍的重视，梁武帝多次请他出山做官，他不肯跻身污浊的官场，但梁武帝常向他咨询国家大事，因此时人称他“山中宰相”。陶弘景治学严肃，一丝不苟，有关气功方面的著述对中国气功的发展起了很大的作用。

《气功补》是陶弘景撰写的道教养炼著作，书中汇集了道教上清派的养炼法诀，举凡存私、内视、守一、吐纳、导引等法均有记载，是研究道教气功的重要参考资料。

陆修静撰有《三洞经书目录》，为保存南北朝前的气功文献做了很多有益的

工作。

陆修静是三国名将陸逊的后代子孙，平素喜游天下，遍访道教典籍，著作等身，是早期《道藏》的编者。他对气功情有独钟，为搜求气功文献，不惮奔波，不惜重金，卓有成效。

北齐颜之推主张“爱养神明，调护气息”，论述了气功在预防医学中的应用，后世多有效法者。

颜之推，原籍琅邪临沂（今山东临沂），世居建康（今南京），生于士族官僚家庭。他喜欢读书，生活上不修边幅，酷爱饮酒。他博览群书，文章辞情并茂，深得南朝萧梁湘东王的赏识，19 岁时即被任命为左常侍。后来，他投奔北齐，长达二十年，官至黄门侍郎。北齐被北周所灭后，他被征为御史上士。隋文帝取代北周后，他又于隋文帝开皇年间被召为学士。颜之推就是著名古籍《颜氏家训》的作者，《颜氏家训》是一部系统完整的家庭教育教科书，是他一生立身、治家、处事、为学的经验总结，在封建家庭教育发展史上有重要的影响。他不但能用儒家思想教训子孙，还主张在修身的同时要养心调气，以期身心双健。

自《黄帝内经》问世后，历代名医的重要著作和道家著作都有气功的内容，许多医学名家本身就是练功家。隋代巢元方、唐代孙思邈、宋代张君房、道家龙门派祖师丘处机、金元四大家、明代李时珍和张景岳、清代张璐等都在著作中对气功养生作了重要的论述。

巢元方是隋朝御医，曾奉诏于隋炀帝大业六年（610 年）编撰《诸病源候论》五十卷，分 67 门，1720 论，详述了内、外、妇、儿、五官、口齿、骨伤等各科疾病的病因与证候，并讨论了一部分疾病的诊断、预后以及预防、摄生、导引、按摩、外科手术等一些治疗方法。此书为中国第一部中医病因证候学专著，也是第一部由朝廷组织集体撰写的医学理论著作，在中国医学史上占有重要的地位，对后世影响很大。

巢元方精通气功，创制了“补养宣导”法，广泛运用导引法于医疗。他撰写的《养生方导引法》共论述了 1727 种病候，大都附有“补养宣导”法，用以代替药物治疗，对发展气功医疗体操有极大的贡献。

孙思邈生于西魏大统七年（581 年），卒于唐永淳元年（682 年），享年 101 岁，一说享年 141 岁。他自幼聪明过人，日诵千言，西魏大将独孤信赞扬他为

“圣童”。他通晓诸子百家，博涉经史，兼通佛典。孙思邈幼年体弱多病，汤药之资倾尽家产。由于幼年多病，18 岁立志学医，20 岁即为乡邻治病。他对医学有深刻的研究，对民间验方十分重视，一生致力于医学临床研究，对内、外、妇、儿、五官、针灸各科都很精通，有二十四项成果开创了我国医药学史上的先河，特别是论述医德，倡导妇科、儿科、针灸等都是先人所未及。他重视药物研究，曾上峨嵋山、终南山、太白山等地，边行医，边采集中药，边临床试验。他是继张仲景之后中国第一个全面系统研究中医药的名医，为中医发展作出了不可磨灭的贡献。孙思邈医德高尚，他以解除病人痛苦为唯一职责，其他则无欲无求。他对病人一视同仁，待之皆如父母至尊，是我国医德思想的创始人，被西方称为“医学论之父”。

孙思邈极为重视气功，论述很多。在导引术方面，他说常以两手摩拭颜面，令人有光泽，斑皱不生。行之五年，色如少女。早晨起床后，平气正坐，先叉手掩项，目向南视，使项与手争，为之三四次，可使人血脉流通，风气不入。每坐常闭目内视五藏六腑，久之百病不生。凡欲求仙，大法有三：保精，引气，服饵。行气可以治百病，可以去瘟疫，可以禁蛇兽，可以止疮血，可以延年命。他的这些健身气功功法都被后人继承了。

《千金要方》是中医综合性著作，全称《备急千金要方》，共 30 卷，是孙思邈的杰作。孙思邈认为“人命至重，贵于千金，一方济之，德逾于此”，故以“千金”命名。此书总结了隋代以前的医学成就，是临床实用的医学百科全书。此书内容包括医论、医方、诊法、针灸、气功等，对六字诀气功功法描述极其详细。

《存神炼气铭》是孙思邈的气功养生名篇，又名《太清存神炼气五时七候诀》。此书首叙方法，先须绝粒，安心气海，存神丹田，摄心静虑，专心修炼；次分五时，条列炼功时各种不同的入静方法；末列七候，是炼功后体验到的各种身心效应。

张君房，岳州安陆人，约宋真宗时期在世。进士及第，官至尚书度支员外郎，充集贤校理。宋真宗崇尚道教，将朝廷秘阁道书全部送到杭州，让戚纶、

陈尧臣等校订。二人推荐张君房主其事。张君房校订后将其书编为4565卷，因而升任著作佐郎。

张君房于编成道书后，又撮其精要共万余条，编成《云笈七签》122卷。此书总论经教宗旨及仙真位籍，其中涉及气功内容的有《黄庭经》、《中黄真经》、《老君清静心经》、《洞玄灵宝定观经》等，分列道家服食练气、内丹外丹、方药符图、守庚申、尸解诸术，其中介绍的多种服气、胎息等法，皆为重要的气功内容，极有研究参考价值。

丘处机，道号长春子，金朝末年全真道道士。丘处机为金朝和蒙古帝国统治者敬重，曾远赴西域劝说成吉思汗减少杀戮，成吉思汗命他掌管天下道教。在道教历史和信仰中，丘处机被奉为全真道“七真人”之一以及龙门派的祖师。

《大丹直指》是丘处机的重要气功内丹术著作，共2卷。本书是早期全真道最系统完备的内丹著作，阐述了内丹修炼的基本理论。认为人与天地禀受相同，因父母二气交感，混合成珠，内藏一点元阳元气，与母靠命蒂相连，受母气滋养，是为先天之气。出生之后，先天之气分于九窍，呼吸从口鼻而出入，是为后天之气。先天元气逐时耗散，以至病夭。炼内丹求长生关键在于用神火烹炼真精实气，使气满神壮。此外，还叙述了炼功入静时可能出现的10类幻景及排除方法。只有时闻乐声，异香阵阵，红光闪闪，状如莲花，遍身赛笼罩，色若金光，才是真境妙界。后世气功内丹名家对此书评价极高，誉之为“北宗丹经之首”。

金元四大家指金元时期（1115年—1368年）的刘完素、张从正、李杲、朱震亨等四位名医。金元四大家代表了四个不同的学派；刘完素认为疾病多因火热而起，在治疗上多运用寒凉药物，世称“寒凉派”。张从正认为治病应着重驱邪，“邪去而正安”，在治疗方面丰富和发展了汗、吐、下三法，世称“攻下派”。李杲认为“人以胃气为本”，在治疗上长于温补脾胃，世称“补土派”。朱震亨认为“阳常有余，阴常不足”，善用“滋阴降火”的疗法，世称“养阴派”。

刘完素，金代著名医学

家，河间（今河北河间）人。刘完素自幼聪颖，酷爱医书，因母亲患病，三次延医不至，不幸病逝，他万分悲痛，遂立志学医。25岁开始研习《黄帝内经》，用心攻读，终有所悟，对《内经》有其独到的见解，说人身之气皆随五运六气而兴衰变化，人类应当掌握其规律。他的这个论断如石破天惊，振聋发聩，让人们对气功有了新的认识。

一次，他在路上见到一家人正在发丧，得知产妇因难产致死，可他见到棺材中有鲜血淌出，便令人放下棺材，开棺诊治。他在产妇的涌泉穴等穴扎了几针，产妇竟然苏醒了。他又扎产妇的合谷、至阴等穴，胎儿顺利地产下了。家属一见，忙跪在地上叩头不已，以为他是神仙下凡。从此，刘完素医名鹊起，不久便传到了朝廷。金章宗十分惊讶，多次请他到朝中做官。他不愿意与趋炎附势的人同流合污，每次都拒绝了。朝廷无奈，便赐给他一个“高尚先生”的名号。

刘完素四处行医，为百姓治病，救了无数患者的性命。

后人为了纪念刘完素对人民作出的突出贡献，在他死后的几百年中，不断地为他修建庙宇，镌刻石碑，歌功颂德。河北省河间县西九吉乡的中刘守村和后刘守村之间，至今仍有他的墓，人们常来祭扫。供奉他灵位的庙宇“刘爷庙”，解放后，人民政府又拨款重新加以整修，每年正月十五都举行隆重的庙会纪念他，足见他影响之深远。他是中国用理论肯定五运六气存在的第一人，为气功增加了新的内容。

金代名医张从正，睢州考城（今河南省民权县）人。

张从正幼年从父学医，博览医书，深通医理，中年时即成为一方名医了。他认为风寒是天之邪气，雨露是地之邪气，最易使人染病。疾病的产生主要是邪气的作用，若先补正气则元气未旺，反而助长了邪气，更会损伤正气，反而使人体元气得不到恢复。他强调补法的运用应当针对病情，不能滥用。反对无病之人滥服补药，患病之人如果邪未去而先补，反而助邪伤正，往往会以粮资寇。只有纯虚的患者才可使用补法。至于具体补养正气的方法，张从正认为应当重视食补，这就是“养生当论食补”的著名论点。为此，张从正十分重视人

体胃气的盛衰，认为胃直接影响食补的效果。他说，只有保护好胃气，使水谷得以消化，人的正气才能恢复。张从正在前人理论与临床经验的启示下，纠正时弊，提出一整套攻邪祛病的理论，为中医的治疗学充实了很多丰富的内容，成为独具风格的一代名医，在祖国医学发展史上占有重要的地位，为祖国医学的发展作出了很大的贡献。

李杲是金代真定（今河北保定）人，生于金世宗大定二十年（1180年），卒于宋理宗淳祐十一年（1251年），自幼酷爱医药学，听说名医张元素在燕赵行医，李杲立即献上千金，拜他为师，认真学习，很快成为一代名医。

李杲认为脾胃为元气之本，是人身生命活动的动力来源，在人体生命活动中起着极重要的作用。他说："夫元气、谷气、荣气、清气、卫气生发诸阳上升之气，此数者，皆饮食入胃上行，胃气之异名，其实一也。"

李杲认为元气虽然来源于先天，但又依赖于后天水谷之气的不断补充，才能保持元气的不断充盛。他反复强调脾胃之气与元气的关系。他说，人身之气的来源不外两端，或来源于先天父母，或来源于后天水谷。而人生之后，气的先天来源已经终止，唯一来源即后天的脾胃。如果脾胃之气充盛，化生有源，则元气随时可以得到补充；如果脾胃气衰，则元气得不到补充，会渐渐衰退。因此，脾胃为人体气机升降的枢纽。人的健康，生机的活跃，生命的健壮，主要是正气充足的原因。保护正气，必须重视脾胃之气的升发作用。只要元气充足，则百病不生，而元气虚损，多因脾胃之气不能升发而致。

李杲在脾胃的生理、病理、诊断、治疗诸方面，形成了个人独成一家的系统理论。由于学说源于实践，具有重要的临床意义，备受后世名医推崇，如明代名医张景岳极其推崇李杲，并在其理论基础上加以发挥，取得了更好的成绩。

朱震亨，元代金华人，早年学习理学，后改行学医，受业于刘完素的再传弟子罗知悌。罗知悌见他为人善良，学医心诚，便将刘完素、张从正、李杲诸家之学都传给了他。朱震亨接受金元诸家之说，结合个人见解和临床经验，加以发挥，提出人身之中"阳常有余，阴常不足"的观点，

治愈了好多痼疾，成为一代名医。四方求医者、求学者络绎不绝，门庭若市。朱震亨医德高尚，总是有求必应，致使贴身仆人深受其苦，怨声不绝，有的竟坚持不住了，而他以治病救人为己任，不以为苦，反以为乐。

朱震亨晚年整理自己的行医经验与心得，写成许多著作。临终前没有其他嘱咐，只将随他学医的侄儿叫到面前说："医学亦难矣，汝谨识之。"说罢，端坐而逝。

朱丹溪认为郁是很多疾病产生的一个重要原因，他说："气血冲和，百病不生，一有怫郁，诸病生焉。故人身诸病多生于郁。"他将人身郁证分为六种：气郁、血郁、湿郁、痰郁、火郁、食郁。其中，又以气郁最为关键，可用气功治之。

李时珍，湖北蕲州（今湖北省黄冈市蕲春县蕲州镇）人，生于明武宗正德十三年（1518 年），卒于明神宗万历二十二年（1593 年），是中国古代伟大的医学家、药物学家，著有中医药经典《本草纲目》。

李时珍随父亲学医，肯于钻研，不仅精通药理，而且医术惊人，救过不少人，因此进了朝廷，当了一名太医。但嘉靖皇帝迷信道教，无所作为，令他大失所望。于是，他利用太医院良好的学习环境，不但阅读了大量医书，而且对经史百家、方志类书、稗官野史也都广泛涉猎，以备著书参考。一年后，他再也不愿同流合污，便借故辞职，走向民间，为百姓治病和重修《本草纲目》去了。

李时珍主张不但要治病，更重要的是防病，也就是治未病。他重视推拿，推拿古称按摩、按跷等，是人类最古老的一种医疗方法，也是气功的一个重要组成部分。早期的按摩疗法仅用于少数疾病的治疗，手法也较少，常用的是按和摩两种手法。后来，随着治疗范围的扩大，手法也相应有了发展。于是，按摩这一名称逐渐被"推拿"所取代，并逐渐形成了独特的治疗体系。

《黄帝内经》对气功锻炼的方法、理论和治疗效果等内容都有研究。在《素问》的八十一篇中，就有十几篇直接或间接地谈到有关气功方面的内容，在春秋战国时期以前，气功已成为一种重要的医疗保健方法了。李时珍细心地研

究了这些成果，对气功极为重视，不仅在著作中对气功加以论述，而且也是气功实践家。他在《奇经八脉考》中指出：“内景隧道，惟返观者能照察之。”意思是说，在练气功的过程中能够观察到人体的经络。

气功作为中医学的一个分支，在理论上主要以中医理论为基础，在创编功法和气功锻炼中也应用阴阳、五行、脏腑、经络、精气神等学说作指导；对气功锻炼产生的效应及气功作用机制的认识，也主要以中医理论来阐述。

气功实践不只为医家独有，儒、道、佛、武等各家在各自不同的实践中，分别对气功形成了自己的认识，也构成了气功理论的一部分。气功实践的结果为中医学提供了新的内容，李时珍的伟大之处是目光如炬，独树一帜地对奇经八脉和丹田命门理论做了系统的阐发。

李时珍认为气功强调对意念的运用，是对中医调神理论和情志学说的补充和发展。掌握了气功心身同练的特点，有助于深入理解中医“形神合一”、“天人合一”的整体观，而气功作用机制的探讨，亦有益于对中医“气化论”、“精气神”理论和脏腑心理相关性等的深入认识。发掘整理气功与药物配合应用，气功针灸、气功按摩等传统治疗方法也可提高疗效、开拓新的治疗途径。

李时珍认为中医养生包括形神共养、协调阴阳、顺应自然、饮食调养、谨慎起居、和调脏腑、通畅经络、节欲保精、益气调息、动静适宜等，其中就包括气功养生。

李时珍说当头昏脑涨时，常吐气、常呼吸，五分钟后就会耳目清明，心情为之一爽。李时珍将气功视为养生保健的好方法。

张景岳生于明嘉靖四十二年（1563年），卒于明崇祯十三年（1640），是明代杰出的医学家，学术思想对后世影响很大。

张景岳自幼聪颖，因祖上以军功起家，世袭绍兴卫指挥使，家境富裕。张景岳从小喜爱读书，广泛接触诸子百家和经史著作。其父张寿峰是定西侯门客，素晓医理。张景岳幼时即从父学医，有机会学习《内经》。13岁时，张景岳随父亲到了北京，从师京畿名医金英学习，医技大进，名噪一时，被人们誉为“仲景再生”。

有一天，一户姓王的人家有个儿子，刚满一岁，误将一枚钉鞋的圆铁钉吞到喉间，再也吐不出来。恰好张景岳路过这里，断定铁钉已入肠胃，立即设法救人，很快想出了一个治疗方案。他取来活磁石一钱，芒硝二钱，研为细末，

然后用熟猪油、蜂蜜调好，让小儿服下。不久，小儿排出一物，大如山芋，药物护其表面，润滑无棱，拨开一看，里面正是孩子误吞下的那枚铁钉。小儿父母感激不已，请教其中奥秘。张景岳解释说："芒硝、磁石、猪油、蜜糖四味药互有联系，缺一不可。芒硝若没有吸铁的磁石就不能附在铁钉上；磁石若没有善泻的芒硝就不能逐出铁钉；猪油与蜂蜜能润滑肠道，使铁钉易于排出。"小儿父母听完这番话，若有所悟地说："有道理！难怪中医用药讲究配伍，原来各味药在方剂中起着不同的作用，缺一不可啊。"

张景岳不但精通医学，还重视气功。"中年求复，再振元气"是张景岳关于我国中老年医学的一个独具特色的学术思想。他说，人所具有的天然寿命称"天年"，与先天元气有关，人的寿命取决于元气的强弱。但是，很少有人能尽其天年，这与后天是否很好地养生有很大关系。先天虽强，不加呵护，仍可夭折；而先天虽弱，但勤于保养，反会长寿。中年时期是人体由盛而衰的转折时期，我们的祖先对此早有深刻的认识。《素问·阴阳应象大论》说："年四十而阴气自半也，起居衰矣。"《备急千金要方》说："四十以上，即顿觉气力一时衰退。衰退既至，众病蜂起，久而不治，遂至不救。"人到了40岁时，开始衰老，元气渐虚，精血枯竭，脏腑亏弱。这时，人们必须注意养生，才能延年。因此，张景岳提出了"中年求复，再振元气"的卓越思想。他说人至中年，元气由盛渐衰，因而对之更当惜之再惜。但总有人不明此理，整日沉湎酒、色、财、气、功名之中，以至"坐失机宜，变生倏忽"，令元气早衰。为了再振元气，张景岳说："酒杀可避，吾能不醉也；色杀可避，吾能不迷也；财杀可避，吾能不贪也；气杀可避，吾能看破不认真也；功名之杀可避，吾能素其形藏也。"张景岳"中年求复，再振元气"的卓越思想对气功研究作出了贡献，使好多人得以延年益寿。

张璐是清初名医，生于明万历四十五年（1617年），卒于清康熙三十八年（1699年），江苏苏州人。他是明朝按察使张少峰之孙，自幼颖悟，研习儒术，兼攻医学。明亡后弃儒从医，隐居洞庭山十余年，专心钻研医术，学习态度非

常认真。他自行医六十余年，孜孜不倦。年老后仍认真做学问，故一生著述颇多。著有《伤寒缵论》、《伤寒绪论》、《伤寒兼证析义》、《千金方衍义》、《本经逢原》等，对《伤寒论》极有研究。还仿照王肯堂《证治准绳》的体例，汇集古今方论，附以医案，编成《医归》16卷，后改名为《张氏医通》。张璐主张既要治病，更要防病，而气功是防病的最好方法。

张璐临床经验丰富，其论血证自成系统，颇有见地。他认为血与气异名同类，都由水谷精气化生。气为血之引导，血为气所依归。因此研究血证不能离开人身之气，而应时刻重视气血的关系。气行则血行，气逆则血逆，血随气逆，可以致病。张璐注重气，在养生方面能抓住要点。

《张氏医通》综合性医药著作，共16卷。本书“神志门”中详尽描述了练气功时“走火入魔”的原因、表现与药物治疗方法。张璐认为坐功运气时走火与常人有别，因所有方书从未有人就此论述，所以张璐详举治愈之例，撰成此书。

晋朝以后，道教、佛教在中国日益兴盛，把气功神秘化了。本来气功是练气修德的，但宗教化之后，就转为追求成仙成佛，提倡发放外气，以致宗教淹没了气功，气功的名词也消失了。

宋朝开始，很多志士仁人将气功的修炼用到武术上，以便更有效地抵御外族入侵，因而逐渐形成了武术气功。

随着武术气功的兴起，人们慢慢破除了宗教的神学思想。由于求神拜佛得不到神佛的保佑，没有本事照样打败仗，所以人们对宗教的信仰渐渐淡漠了。于是，气功从宗教中分离出来。

随着武术气功的发展，武当派、少林派、峨嵋派、昆仑派、南宫派逐渐形成。

明清以后，练气功已经形成了风气。

清末，少林派著作《少林拳术秘诀》中有专章阐述气功，称《气功阐微》。其中明确指出：“气功之说有二：一养气、一练气。”

民国初年，练气功的人越来越多了。

现在，健身气功已经深入千家万户，并成为中华国宝，开始走向世界了。

三、健身气功

健身气功是以自身形体活动、呼吸吐纳、心理调节相结合为主要运动形式的民族传统气功，是中华民族悠久文化的重要组成部分。

健身气功主要有四种：易筋经、五禽戏、六字诀、八段锦。

这四种健身气功的功效相近，能强身健体，提高身体免疫力，适合各个年龄段的人习练。

气功是调身、调息、调心合为一体的身心锻炼功法。调身、调息、调心在气功学里简称“三调”。三调合一的身心活动就是气功。

各种体育运动的活动内容也是“三调”，例如跑步，做起跑姿势是调身，憋一口气是调息，听发令的枪声是调心。在这里，虽然“三调”都在，但这不是气功，只是体育运动，因为其中的“三调”是分别操作的，并没有合为一体。

气功修炼的特点是通过“三调”的分别操作而达到三调合一。在三调合一的状态中，形成了统一的境界。是否达到三调合一的身心状态是气功与体育运动的基本区别。

任何区别都有相对性的一面：在气功修炼过程中，三调操作尚未达到合一时，其身心状态与体育运动并无本质差别；而体育运动达到极为纯熟之时，三调合一状态有时也可能自然发生，那时体育运动与气功修炼也就并无差别了，如一些世界冠军的最后一搏，狙击手的致命一扣，跳高运动员的凌空一跃，无不达到了气功的三调境界，只是人们没有认识到而已。

人的任何自主行为都离不开“三调”，只能由“三调”所构成。但是，气功与体育运动的区别除了是否三调合一之外，它们的目的也不尽相同。体育运动的基本目的是健身，而气功则不同，气功的基本目的是发掘人的潜能。

健身气功是以较为和缓的形体活动为基础，身心状态趋于调身、调息、调心合一的气功功法，深受广大群众尤其是老年人的喜爱。

（一）易筋经

相传天竺和尚达摩为传真经，只身东来，落迹于少林寺。达摩内功深厚，

在少林寺面壁九年，以致石壁都留下了他的身影。达摩留下了两卷秘经，一是《洗髓经》，二是《易筋经》。《洗髓经》为内修之典，归慧可，未传于世。《易筋经》为外修之书，留于少林，流传至今。

但是，据现代考古资料证明：《易筋经》实为明末天台紫凝道人所创，原系道家导引之术，与佛教无关。

“易”是改换之意，“筋”指筋骨、筋膜，“经”有指南、法典之意。《易筋经》就是改变筋骨的内功修炼方法。功法要求先练一年左右内功，达到内壮后才可以练《易筋经》，进而再练《洗髓经》。在此期间，还要内服和外涂佐功药，约三年左右才能练成。由于整个练功过程长，按原法修炼者不多，近代流传的《易筋经》只取导引部分，与原有功法有所不同，流传较广的是经清代潘蔚整理编辑的《易筋经十二势》：

第一势：韦驮献杵

第二势：横担降魔杵

第三势：掌托天门

第四势：摘星换斗

第五势：倒拽九牛尾

第六势：出爪亮翅

第七势：九鬼拔马刀势

第八势：三盘落地势

第九势：青龙探爪势

第十势：卧虎扑食

第十一势：打躬

第十二势：工尾势

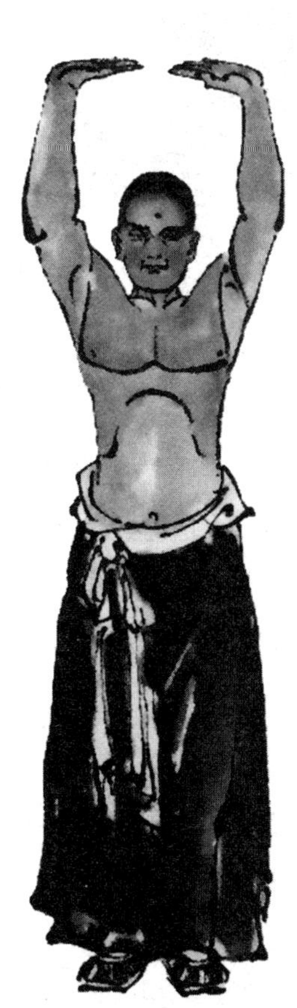

《易筋经》习练要领：

1.精神放松，形意合一，意识平静，不做任何附加的意念引导。

2.呼吸自然、柔和、流畅，不喘不滞，以利于身心放松、心平气和及身体的协调运动。

3.刚柔相济，虚实相兼，本功法动作有刚有柔，且刚与柔是在不断相互转化的；有张有弛，有沉有轻，

是阴阳对立统一的辩证关系。

4.循序渐进，不同年龄、不同体质、不同健康状况、不同身体条件的练习者，可以根据自己的实际情况灵活地选择各势动作的活动幅度或姿势。

《易筋经》内外兼练、强身健体，能防治疾病，延年益寿，便于练气功的人学习和掌握。

（二）五禽戏

五禽戏是一种中国传统健身方法，由五种模仿动物的动作组成。五禽戏又称“五禽操”、“五禽气功”等。这是东汉医学家华佗在前人的基础上创造的，故又称“华佗五禽戏”。是通过模仿虎、熊、鹿、猿、鸟（鹤）五种动物的动作，以强身健体的一种气功动功功法。练习时，可以单练一禽之戏，也可选练一两个动作。单练一两个动作时，应增加锻炼的次数。

五禽戏功法十分管用，锻炼时要注意全身放松，意守丹田，呼吸均匀，做到外形和神气都要像五禽，达到外动内静，动中求静，有刚有柔，刚柔并济，练内练外，内外兼备的效果。

当年，广陵郡的吴普曾拜华佗为师学医。吴普原来是个官宦之家的子弟，过着富裕的生活，是位肩不能担、手不能提的阔少爷。有一次华佗带他上山采药，回来就病倒了，华佗说：“人要想身强体壮，减少疾病，延年益寿，最有效的办法是锻炼。”吴普听了这番话，忙问：“老师，能教给我锻炼身体的方法吗？”华佗说：“当然可以，我练的是五禽戏。这‘五禽戏’实际上就是五种动物的活动方式：一是虎，按虎的动作练其四肢；二是鹿，按鹿的动作练其颈部；三是熊，按熊的动作练其腰椎；四是猴，按猴的动作练其关节；五是鸟，按鸟的动作练其胸腔。按这五种动物的动作，每天练上几次，会感到周身轻松，腹内也有了食欲。如果平时感到不舒服，做上一套‘五禽戏’，让身体活动出汗，马上就会觉得好些的。”华佗说到这里，拿出一本《五禽戏法》交给吴普。吴普

得到了华佗的传授，便天天练了起来，身体真的越来越好了。结果活了一百来岁，耳不聋，眼不花。

（三）六字诀

六字诀，即六字诀养生法，是我国古代流传下来的一种养生方法，为吐纳法。它的最大特点是：强化人体内部的组织机能，通过呼吸导引，充分诱发和调动脏腑的潜在能力来抵抗疾病的侵袭，防止随着人的年龄的增长而出现的过早衰老。

明代《正统道藏洞神部》引用了太上老君养生法，书中说：呬字，呬主肺，肺连五脏，受风即鼻塞，有疾作呬吐纳治之。呵字，呵主心，心连舌，心热舌干，有疾作呵吐纳治之。呼字，呼主脾，脾连唇，脾火热即唇焦，有疾作呼吐纳治之。嘘字，嘘主肝，肝连目，论云肝火盛则目赤，有疾作嘘吐纳治之。嘻字，嘻主三焦，有疾作嘻吐纳治之。明代太医院的龚廷贤在他著的《寿世保元》中，也谈到六字诀治病。书中说："不炼金丹，且吞玉液，呼出脏腑之毒，吸入天地之清。"又说："五脏六腑之气，因五味熏灼不知，又六欲七情，积久生病，内伤脏腑，外攻九窍，以致百骸受病，轻则痼癖，甚则盲废，又重则伤亡，故太上悯之，以六字诀治五脏六腑之病。其法以呼字而自泻去脏腑之毒气，以吸气而自采天地之清气补气。当日小验，旬日大验，年后百病不生，延年益寿。卫生之宝，非人勿传。呼有六曰：呵、呼、呬、嘻、嘘、吹也，吸则一而已。呼有六者，以呵字治心气，以呼字治脾气，以呬字治肺气，以嘘宇治肝气，以吹字治肾气，以嘻字治胆气。此六字诀，分主五脏六腑也。"

六字诀全套练习每个字做六次呼吸，早晚各练三遍，日久必见功效。

（四）八段锦

八段锦是宋朝流传下来的一种气功动功功法。

八段锦由八节组成，体势动作古朴高雅，故以"八段锦"名之。

八段锦形成后，在流传中形成许多练法和风格各具特色的流派。

八段锦分坐式、站式两种：

1.坐式八段锦

（第一段）宁神静坐：采用盘膝坐式，正头竖颈，两目平视，松肩虚腋，腰脊轻松挺直，两手轻握，置于小腹前的大腿根部。要求静坐三至五分钟。

（第二段）手抱昆仑：牙齿轻叩二三十下，口水增多时即咽下。随后将两手交叉，自身体前方缓缓上举，经头顶上方将两手掌心紧贴在枕骨处，手抱枕骨向前用力，同时枕骨向后用力，使后头部肌肉产生一张一弛的运动。以呼吸十数次为度。

（第三段）指敲玉枕：接上式，用两手掌心掩住双耳，两手食指相对，贴于两侧的玉枕穴上，随即将食指搭于中指背上，然后将食指滑下，以食指的弹力缓缓地叩击玉枕穴十数次，咚咚有声。

（第四段）微摆天柱：头部略低，使头部肌肉保持相对紧张，以左右头角的顶部带动头向左右频频转动。如此一左一右微摆天柱穴二十次左右。

（第五段）手摩精门：自然深呼吸数次后，闭息片刻，随后将两手搓热，以双手掌推摩两侧肾俞穴二十次左右。

（第六段）左右辘轳：接上式，两手自腰部顺势移向前方，两脚平伸，手指分开，稍作屈曲，双手自胁部向上划弧如车轮形，像摇辘轳那样自后向前做数次运动，随后再按相反的方向自前向后作数次环形运动。

（第七段）托按攀足：接上式，双手十指交叉，掌心向上，双手上托；稍停片刻，翻转掌心朝前，双手向前按推。稍作停顿，即松开交叉的双手，顺势弯腰用双手攀足的涌泉穴数次，两膝关节不要弯曲。如此锻炼数次。

（第八段）任督运转：正身端坐，鼓漱吞津，意守丹田，以意引导内气自中丹田沿任脉下行至会阴穴接督脉沿脊柱上行，至督脉终结处再循任脉下行。

2.站式八段锦

（第一段）双手托天理三焦：自然站立，两足平开，与肩同宽，含胸收腹，腰脊放松。正头平视，口齿轻闭，宁神调息，气沉丹田。双手自体侧缓缓举至头顶，转掌心向上，用力向上托举，足跟随双手的托举而起落。托举六次后，双手转掌心朝下，沿体前缓缓按至小腹，还原。

（第二段）左右开弓似射雕：自然站立，左脚向左侧横开一步，身体下蹲

成马步，双手虚握于两髋之外侧，随后自胸前向上划弧提于与乳同高处。右手向右拉至与右乳同高，与乳距约两拳许，意如拉紧弓弦，开弓如满月；左手捏剑诀，向左侧伸出，顺势转头向左，视线通过左手食指凝视远方，意如弓箭在手，伺机而射。稍作停顿后，随即将身体上起，顺势将两手向下划弧收回胸前，并同时收回左腿，还原成自然站立。此为左式，右式动作相同，方向相反。左右调换练习六次。

（第三段）调理脾胃须单举：自然站立，左手缓缓自体侧上举至头，翻转掌心向上，并向左外方用力举托，同时右手下按相应。举按数次后，左手沿体前缓缓下落，还原至体侧。右手举按动作同左手，方向相反。

（第四段）五劳七伤向后瞧：自然站立，双脚与肩同宽，双手自然下垂，宁神调息，气沉丹田。头部微微向左转动，两眼目视左后方，稍停顿后，缓缓转正，再缓缓转向右侧，两眼目视右后方，稍停顿后，缓缓转正。如此六次。

（第五段）摇头摆尾去心火：两足横开，双膝下蹲成马步。上体稍向前探，两目平视，双手反按在膝盖上，双肘外撑。以腰为轴，头脊要正，将躯干划弧摇转至左前方，左臂弯曲，右臂绷直，肘臂外撑，头与左膝呈一垂线，臀部向右下方撑劲，目视右足尖；稍停顿后，随即向相反方向，划弧摇至右前方。反复六次。

（第六段）两手攀足固肾腰：松静站立，两足平开，与肩同宽。两臂平举，自体侧缓缓抬起，至头顶上方转掌心朝上，向上托举。稍停顿，两腿绷直，以腰为轴，身体前俯，双手顺势攀足，稍作停顿，将身体缓缓直起，双手顺势起于头顶之上，两臂伸直，掌心向前，再自身体两侧缓缓下落于体侧。

（第七段）攒拳怒目增力气：两足横开，两膝下蹲成马步。双手握拳，拳眼向下。左拳向前方击出，顺势头稍向左转，两眼通过左拳凝视远方，右拳同时后拉。与左拳出击形成一种争力。随后，收回左拳，击出右拳，要领同前。反复六次。

（第八段）背后七颠把病消：两足并拢，两腿直立，身体放松，两手臂自然下垂，手指并拢，掌指向前。随后双手平掌下按，顺势将两脚跟向上提起，稍作停顿，将两脚跟下落着地。反复练习六次。

八段锦动作简单，易记易学，适合男女老少等不同人群习练。现在的广播体操即源于八段锦。八段锦柔筋健骨，养气壮力，具有行气活血、协调五脏六腑的功能，是一种很好的气功功法。

四、武术气功

武术气功是武术技击与气功养生相结合而形成的一种特殊的气功。武术气功强调把神气集中到肢体上，加强肢体的功能；主张动静双修，内外兼顾。

武术气功在长期发展过程中形成了武当派、少林派、峨嵋派、昆仑派、南宫派等几大门派，其中包括轻功、硬气功等内容。

关于武术气功的起源，人们公认与四千多年前彭祖发明的导引术有关。

早在部落氏族从游牧进入定居农耕时代起，就有了气功健身活动，气功导引术正是中华武术形态的最早雏形。许多出土的浮雕、壁画、画像石刻等历史遗存都记载了我们祖先习练气功导引术的图像。这些图象充分证明武术与中华民族的古代哲学、军事学、教育学、医学、美学以及丰富多彩的健身术或相互关联，或互相渗透。

彭祖创始的气功导引术是“导气令和，引体令柔”的中国古代健身术。它把静功（呼吸运动）与动功（躯体运动）有机地结合起来。

几千年来，彭祖的导引功法对人们祛病延年、强身健体具有很大的功效。后世的五禽戏、易筋经、八段锦、太极拳等武术功法和套路都是由此发展而来的。后来，在这些功法和套路的基础上产生了武术气功。因此说，彭祖的气功导引术是中国武术的奠基石。

（一）武当派

武当山位于湖北丹江口，东接历史名城襄樊，南依原始森林神农架林区，

古称“方圆八百里”，是我国著名的道教圣地。

武当山不仅拥有奇特绚丽的自然景观，而且拥有丰富多彩的人文景观，被誉为“亘古无双胜境，天下第一仙山”。

武当山被世人尊为“玄武大帝”的发迹圣地。相传东周尹喜，汉代马明生、阴长生，魏晋南北朝陶弘景、谢允，唐朝姚简、孙思邈、吕洞宾，五代陈抟，宋代胡道玄，元代叶希真、刘道明、张守清均曾在此修炼过。

武当山天柱峰一带，山高谷深，溪涧纵横，身入其境，会有俗念顿消的出世之感。环顾四周，七十二峰高耸入云，个个俯首朝向主峰天柱峰，宛如众星捧月，俨然“万山来朝”。

武当山上，宫观、道院、亭台、楼阁遍布，历经千年不蚀不损，岁月无痕，堪称人间奇迹。

武当派武术以“内家功夫”著称，是中国武术中与少林派齐名的重要流派，人称“北崇少林、南尊武当”。有的武当道士练成了在万丈悬崖上步履如飞的功夫，有的道士竟练成在房顶的斜坡上打拳舞剑的绝技，令人叹为观止。

据明末清初黄宗羲的《王征南墓志铭》，武当派内家功夫由宋人张三丰创于湖北均县武当山，故称武当派，供奉真武大帝为主神。其功法强调内功修炼，讲究以静制动，以柔克刚，以短胜长，以慢击快，以意运气，以气运身。

武当武术历史悠久，博大精深。元末明初武当道士张三丰集其大成，被尊为武当派武术的开山祖师。张三丰将《易经》和《道德经》的精髓与武术融为一体，创造了具有重要养生健身价值，以太极拳、形意拳、八卦掌为主体的武当武术。后经历代武术家不断创新、充实，形成了中华武林的一大流派。

武当派武术气功十分注重桩功的修炼，太极桩是武当派太乙门的入手功夫，是一个具有代表性的桩法。

太极桩功历史久远，相传太极桩功是道祖老子所传，经尹真人而留于武当。虽然此说已无法考证，但根据此桩的功能、效果，人们公认发明此桩的人定是一位圣者。他精通阴阳五行、人体经络、武功技击、金丹内炼等诸多学说。

一般的太极桩强调站桩过程中要调身型，放松肢体，消除体内僵硬之劲。而武当派太极桩则提倡松紧有度，更强调意识的运用。

内功是传统武术的精华所在，而内功的具体修炼是以站桩的方式来完成的。站桩是传统武术内功能力的基础。习练者在站桩中，通过思维意识的运用，进

入意识相对的静止状态，能开通经络，调和气血，补养元气，实现人体的阴阳平衡，达到培本固元的目的。

通过站桩功的锻炼，体内的元气得以运动自如。通过身体姿势的调整，使身体的筋脉得到充分的激活，更加强健有力。古语说："筋长一寸，力长一分。"这充分说明了筋腱的作用。武当派武术气功加强筋的锻炼，无疑对身体的柔软性、轻灵性都有莫大的好处。

人身体的能量供养途径有三种：经脉中的元气供养、血脉中的氧气供养、筋脉中的能量供养。筋的锻炼可增加人体能量的供应。

武当派武术气功通过特定的方法，使身体的皮膜、骨膜得到充分的激活，使其逐步产生空的气囊，从而产生巨大的抵抗外界击打的能力。皮肉之间的腾起是有效地抵御外界入侵的第一道屏障，筋骨之间的腾起是抵御外界入侵的又一道防线。武当派练功者通过特殊的方法把元气布于全身的筋骨、皮肉之间的气囊之中，使之产生巨大的保护身体的能力，这种方法叫做布气。

武当派内家功夫将人的劲力分为两种：先天劲，人身体自身所带来的潜在的能量，俗称先天劲、后天劲，即人的自身肌肉所产生的力量。内家功夫首先通过一定的训练方法，使先天的内劲体现出来。

在站桩时，武当派武术气功通过意识的转换，使身体的横、竖、内、外的各种劲力有机地结为一体。在意识的引领下，由丹田到四肢节节贯通，使之达到意识一动则气达四肢，逐步地做到一发气周身皆动，大有推倒泰山之势。

"丹田练气"是所有气功功法的必修之课，太极桩在这方面有独到之处。它要求引周身元气归于丹田，注重丹田的吐纳、开合、鼓荡、填充，让丹田这一气机发起之源充分吸纳周身的元气，使之更加饱满坚实。武当派气功高手在整个练功过程中，通过丹田元气开通经络，将丹田元气通过经络运到体内各脏腑，达到精旺、气满、神全的程度。他们达到了内功的上乘功夫，达到了内功

大成的高妙境界。

（二）少林派

少林寺坐落于河南登封西北二十六里的中岳嵩山南麓，是中外闻名的千年古寺。

嵩山由两座高山组成，东为太室山，西为少室山。两山各有三十六峰，峰峰有名。

少林寺因坐落在少室山五乳峰下，又因周围竹林茂密，故名“少林寺”。

少林寺坐北朝南，背依五乳峰，周围群山环抱，形成了少林寺的天然屏障。

少林寺始建于北魏孝文帝太和十九年（495 年）。当时，北魏崇拜释迦牟尼，笃信佛教。天竺僧人跋陀由西域来中原传教，备受虔信佛教的孝文帝的礼敬。 跋陀见嵩山极似一朵莲花，而莲花恰是佛教的代表花卉，于是便向孝文帝申请在“莲花”中立寺。孝文帝准奏，立即派人在跋陀选好的寺址上建起了一座佛寺。这便是少林寺的由来。

三十年后，南天竺僧人菩提达摩也到中原传教，在少林寺住了下来。他广收弟子，传授禅宗，成为中国佛教禅宗的开山祖师。

隋朝末年，在隋炀帝暴政的统治下，天下大乱，群雄并起。当时，少林寺有十三位身怀绝技的武僧，应秦王李世民之邀，出山参加进攻郑王王世充的战役。他们凭着超群的武艺，生擒王世充的侄儿王仁则，逼王世充投降了唐军。

少林寺有一座“武林房”，为少林寺一百零八房之一，是武僧的练功房。它的地位特殊，超出各房，自立制度，由专人统领，不受执法僧的约束。加入武林房的成员全是由各房或各从属寺院推荐保送来的武僧。武僧一般不用劳作，也不必整天拜佛念经，也没有硬性规定的作息时间。他们的任务只是练好武术，保卫少林寺。他们个个努力练武，一不怕苦，二不放松，甚至废寝忘食，不分早午晚一心一意

地练功。有些武僧支颐而眠，指缝里夹着一支点着的香，香尽炙手，一跃而起，继续苦练。他们不但练武功，还练气功。

少林气功是在医疗气功的基础上发展起来的一种独特的气功。历代少林寺武僧刻苦钻研、勤奋修炼，并取寺外众长，逐步完善，终于修成少林武术气功绝技，成为武林中的一朵奇葩。

少林气功在武林中独树一帜，以静中求动为宗旨，气沉丹田，调全身之元气、宗气、卫气，可以定神养性，防治疾病，祛病延年；可以迸发神力，排山举鼎，惊世骇俗。

少林气功有内功、外功两种。内功主要用于坐禅，修身养性，对于防治许多慢性疾病，如心脏病、神经衰弱、癔病等效果尤为显著，久练可以轻身延年，返老还童。外功主要用于武术方面，运全身之气贯穿于整个武术动作中，正如拳谱所说：“手足弹处气先到。”

少林派武术气功有如下多种功法：

1.坐功：端坐式、双盘式、单坐式、插花式；

2.站功：三圆式、三合式、伏虎式、螳螂式；

3.卧功：仰卧式、侧卧式；

4.四肢功：风摆柳、金刚拳、一指金、金意把；

5.轻功：飞毛腿、纵步上房、扶赶飞；

6. 硬功：单指钻墙、单掌分砖、肉拳粉石、头碰石碎、单手劈材、千斤腿、跨绝崖、铁身靠、颅分砖、飞云走；

7. 桩功：泰山桩、弓步桩。

唐高祖武德四年（621 年），以觉远为首的十三和尚痛击郑军之后，少林寺名声大振，少林武术气功也日益精湛，并达到了惊人的水平，如“金刚拳”、“掌劈材”、“顶分砖”、“头破石”、“飞云走”等，都是著名的武术气功绝技。

如今，少林派武术气功已经走出国门，走向世界了。

（三）峨嵋派

峨嵋山在四川盆地西南部，地处长江上游，屹立于大渡河与青衣江之间，东距乐山七十多里，山势雄伟，隘谷幽深，飞瀑如帘，云海翻涌，林木葱茏，有“峨嵋天下秀”之称。

峨嵋山与山西五台山、浙江普陀山、安徽九华山并称为中国佛教四大名山，是举世闻名的普贤菩萨道场。因有山峰相对，状如蛾眉，故名蛾眉山，又称峨嵋山。在峨嵋山的金顶上可欣赏“日出”、“云海”、“佛光”和“圣灯”四大奇景。

过去，人们常说“天下武术出峨嵋”。后来，因为少林武术越来越有名，才说“天下武术出少林”。

峨嵋派武术源远流长，与少林、武当、昆仑并列为中国武林四大门派。

自古以来，在人杰地灵、风景如画、物产丰富的巴蜀大地，在佛教及道教圣地峨嵋山、青城山等寺观中，僧人道士在参禅静坐之余，常常使枪弄棒，打拳踢腿，逐渐形成了世界闻名的峨嵋派拳法。

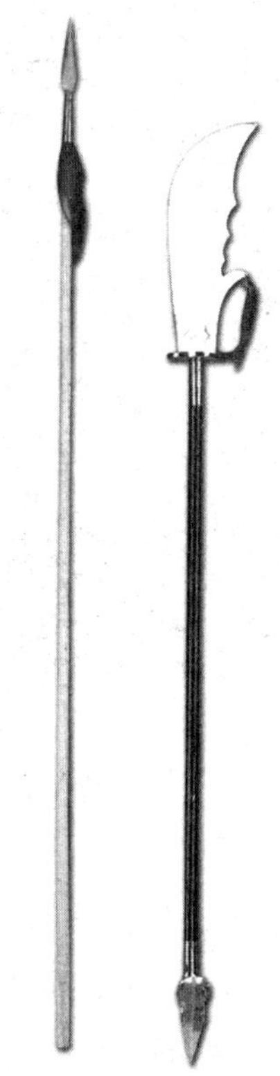

峨嵋派兼取佛道两家之长，既吸收了道家的动功，又有佛家禅修的基础，形成了一整套动静结合、刚柔并济的气功方法。

与此同时，千百年来，在巴蜀大地的民间也流传着独特的武功。这些功法与各种拳术、器械套路及散打技艺和各类内功功法结合后，形成了峨嵋派武学体系。

峨嵋派武术在西南一带独占鳌头，明代文人唐顺之曾赞美峨嵋拳术说：“忽然竖发一顿足，崖石迸裂惊沙走。”

峨嵋拳经上说：“拳不接手，枪不走圈，剑不行尾，方是峨嵋。”又说：“化万法为一法，以一法破万法。”峨嵋派提倡以弱胜强，真假虚实并用。

清朝初年，湛然法师在峨嵋拳谱中写道：“一树开五花，五花八叶扶，皎皎峨嵋光辉满江湖。”由此可知当时峨

嵋武术在江湖上的盛况。

峨嵋派武术蕴含着极其丰富的气功内容，特别讲究武术与气功的配合。拳谚说：“外要练‘砣子’，内要练‘桶子’。”砣子指拳头上的外家功夫，桶子指内功。只有外功和内功都修炼好了，才能达到峨嵋派武术中的“神功”。神功以气为本，以神为用，乃功夫中的上乘。

峨嵋派将医道作为武术内容之一，拳谚说：“学武不学医，终是傻东西。”峨嵋派不但练武，还兼行医，这就将中医气功理论及养生法融入峨嵋武术中，从而形成独具一格的峨嵋武术气功。

峨嵋武术气功分为“南、填、静、气、柔、轻、禅”七功。

南功：即“神拳”，是独具特色的峨嵋派自发动功。

填功：即“桶子功”，讲究以各种呼吸方式，如吃气、咽气、吞气、喷气、运气、腔气等，用以配合各种形体练功动作、拳套等，外强筋骨，内增元气。“硬气功”即属此类，如“金钟罩”、“铁布衫”、“铁汉碑”、“太子功”、“金刚锤”等。

静功：峨嵋派武术除了静养、调息、吐纳外，还通过各种武术桩功内外兼练，如“弓箭桩”、“骑马桩”、“金鸡独立桩”、“梅花桩”、“三角桩”等。练好“骑马桩”后，会气沉丹田，吸气则全身蓄力，吐气则冲拳而出。峨嵋武术气功要求内外合一，意形紧随。

气功：峨嵋派武术气功强调以柔克刚，以静制动，主张调气凝神，运气为主，蛮力为下，和太极八卦有相同之处。拳谚说：“快打拳是拳，慢打拳是功。”这是说武术快练狠打只是“练拳”，慢练调气才是“练功”。

柔功：即盘功，峨嵋武术讲究关节、肌肉、韧带的轻灵柔软，柔软性训练要配合呼吸吐纳，形成峨嵋武术中著名的盘功。因盘功最宜自幼训练，年纪大

了见效太难，所以又成“童子功”。此功训练范围包括头、颈、肩、肘、腕、指、腰、臀、胯、踝、趾等各部关节、肌肉及韧带。此功与体操之类的柔软性训练不同，要求严格配合吐纳调息。

轻功：轻功修成后，两人多高的墙壁可转眼之间腾身而过，能飞檐走壁，疾走如飞，纵步上房，飞步越崖，云腿跳涧等。有人认为轻功太玄妙了，甚至怀疑它的存在，这是错误的。峨嵋武术中的轻功有“千斤腿”、“跳沙坑”、“扶杆纵”、“水上漂”、“铁爪链”、“百尺绳”、“踩鸡蛋”等名目。轻功最常见的训练方法是“戴铁瓦”和“包沙包”，即在两腿上各缠上半斤到五斤重的铁瓦或沙袋行走跳跃，还要“跳沙坑”，即在直径约三尺的沙坑内，带着铅瓦或沙袋运气向上跳，并逐渐加深沙坑。

禅功：也称“玄功”，峨嵋禅功指某些奇门绝技，如“天罡掌”、“指禅功”、“点穴十八手”、“五毒阴风掌”、“剑仙”等。这些确属真实功夫，虽然少见，但确实存在。例如：有位气功大师专练“硬耳朵功”，能两耳用细麻绳悬一大水桶飞舞旋转。又如：一位气功师练成了“虾蟆功”，用十指触地，成俯卧撑，运气后整个身子能离地腾起，像虾蟆一样跳跃，可连续跳跃数十次。

据考证，先秦时期峨嵋山一带就出现武术了。那时，有位武师名司徒玄空，曾模仿峨嵋山白猿的动作创造了白猿剑法与白猿通臂拳，人称“白猿祖师”。

宋朝以后，峨嵋山成为普贤菩萨道场，僧人甚多，其中有相当一部分僧人日常习武，互相切磋。

南宋建炎年间，峨嵋山白云禅师将宇宙阴阳虚实和武术中的动静功法相融合，创编出“峨嵋气桩功”十二节，后人称之为“峨嵋十二桩功”，一直传承至今。

峨嵋派功法介于少林阳刚与武当阴柔之间，亦柔亦刚，内外互重，长短并用，攻防兼备，融汇了少林、武当、昆仑等众家之长。

（四）昆仑派

昆仑派也称混元派，创立于明朝，道场在我国西北的昆仑山之上。

昆仑山西起帕米尔高原，山脉全长2500千米，平均海拔5500—6000米，宽130—200千米，最高峰在青海、新疆交界处，即布格达板峰，海拔6860米，是青海省的最高点。

昆仑山在中华民族文化史上有“万山之祖”的显赫地位，是中国第一神山。位于青海的玉珠峰、玉墟峰，是朝圣和修炼的圣地。

昆仑山自古以来吸引高僧、道士在这里建寺筑观，习练气功，修身养性，自汉、唐以来香火不断。金、元两朝时，道教全真派开山祖师王重阳同他的七弟子在这里创教立派，留下了“洞天福地”等道教遗迹。流传至今的昆仑派武功有大雁功、大雁掌等，都以内功为主。昆仑派与少林派、武当派、峨嵋派并称中华武术四大流派。

梅花桩也称梅花拳，是刚柔并济的内家拳，博大精深，属昆仑派，已有上千年的历史了。

梅花拳是受中华民族传统文化影响最深的一种拳术，有以下特点：

1. 梅花拳没有固定的拳术套路，它的基本拳路称“架子”。“架子”的构造很特殊，它有五个基本的拳势，称“桩步五势”，练习时要静止站桩，此外便是变化迅速的“行步”了。“桩步五势”和“行步”的练习要在拳场中走遍东西南北各个方向，也称“四门八方”。这种串连起来的拳路可按一定路线周而复始地循环练习。初学者可以先学基本的和变化简单的，随功力加深再不断补充和不断变化各种拳势和动作。梅花拳的对练拳路叫“成拳”，除了必须要在“四门八方”各个方向上练习外，它的抓拿摔打等动作和拳势均可因人而异，随时编造。梅花拳的更高级的对练拳路叫“拧拳”，更是“手无定手，脚无定步，势无

定形，见劲使劲，随势而布”。这种“架子”、“成拳”、“拧拳”的变化和不定的形态，使其内容可以灵活多变，无穷无尽，丰富多彩。这种拳法结构的特点反映了宇宙万物千变万化的特性。《梅花拳文理》中说：“拳无拳，艺无艺，无艺之中是真艺。”这是说有拳、有艺、有一成不变的套路就不是真正的武艺了。正如“道无形”一样，真正的武功也是“无形”的。梅花拳这种运气用意以应万变的特殊结构，反映了我国传统文化中的辩证思想。

2. 梅花拳的基本拳路“架子”中有“桩步五势”和“行步”。练拳时“桩步五势”要站桩，要静止不动，引气下行；“行步”是不断变化的动作，要迅速轻灵，气透四肢。在气的推动下，梅花拳动静互辅，刚柔相济，起落如闪电，进退似流星，出神入化，变化莫测。

3. 在梅花拳的基本拳路“架子”和对练拳路“成拳”中都必须在“四门八方”各个方向上练习，这就适应了气充天地，无处不在的道理。梅花拳把各种拳法的变化和应用都在八个方位上考虑，使其拳法产生了无穷无尽的变化。

4. 在梅花拳的“架子”中有“桩步五势”和“行步”的不同练法。“桩步五势”要练全身之气，练时要凝神，聚气，调息，这是内功；而“行步”要练步法之轻灵迅速，这主要是外功。梅花拳是内外兼练的，不论练“架子”还是“成拳”，都要以气贯串，一气呵成，不散不乱，内外一体，要“形气合一”，“神气合一”，达到“精气神一体”，即“浑元一气”的地步。

自清朝初年以来，梅花拳遍布冀、鲁、豫，辐射全国十数省市区及五大洲 20 多个国家和地区，多次在国内外武术交流会上获奖。

（五）南宫派

在四川巴蜀大地，流传着一种神秘的南宫派武术。

古时帝王为了修仙慕道，祈福消灾，强身健体，追求长生不老，在皇宫内修建一处专门用于练功的宫殿，称为“南宫”，在南宫内聚集民间各派高人修习各类功法。这些功法不得外传，因此南宫功法被世人称为宫廷内功。后来，这种宫廷内功被大内高手传到民间，人们称之为南宫派。

南宫派武术在习练上分两大类：无字南宫和七字南宫。

无字南宫习练者较多，在形意拳、八卦拳、太极拳及大成拳中有此功法。此功在行功时强调松静，在松静中注意意识培养，在桩功练习中培养气感，功力由静中静到静中动。

七字南宫为道教华山派所创，系华山派昆仑分支，距今已有近千年的历史，历来不轻易传授，只传武德高尚者。

七字南宫分金功、刚功、气功三大系统，有自发动功、坐功、桩功、吐纳功等功法。各个大系又分为多个小科目，师徒间以口传心授而代代相传。初习功为自发动功，有七字真言，练习时在师傅引领下开功，练习时要求排除杂念，意聚头顶，心诵真言，动作随其自然。接着，师傅会根据弟子的资质、品行、功力及师徒缘分而由浅入深地逐步传授。学会七字真言后方能登堂入室，成为真正的南宫传承弟子。对南宫武术可用“真传一张纸”和“师傅引入门，修行在个人”来描述。南宫派内功的修习除了慧根、悟性外，还必须具备持之以恒、坚持不懈的实干精神，才能水到渠成。

南宫派武术特别注意“武德”、“仁术”和“养气”，要求练武者必须善良正直，认为“不讲武德，便是武贼”。

南宫派武术以防御保身、抗暴图存为目的，练武者要有人道主义精神和浩然正气。

南宫派武术又称自然门武术或神拳，南宫派武术气功练到炉火纯青的程度时，会身轻如燕，能飞檐走壁，爬壁如墙上钉钉，并能指放剑光，拳打百步重锤。这反映了南宫派武术气功的神力。

中华武术

武术在我国有悠久的历史，它的产生，缘起于我国远古祖先的生产劳动。人们在狩猎的生产活动中，逐渐积累了劈、砍、刺的技能。这些原始形态的攻防技能是低级的，还没有脱离生产技能的范畴，却是武术技术形成的基础。到了氏族公社时代，经常发生部落战争，因此在战场上搏斗的经验也不断得到总结，比较成功的一击、一刺、一拳、一腿，被模仿、传授、习练着，武术逐渐形成。

一、词源解释

武术是以技击为主要内容，以套路和搏斗为运动形式，注重内外兼修的中国民族传统体育项目。作为我国民族体育的重要内容之一，几千年来，一直是我国人民锻炼身体或自卫御敌的一种方法。

我们把中国武术分为传统武术和竞技武术。传统武术，又称之为国术，是由古代战争和人们街头打架所发展而来的，其本质是一种格斗。而格斗是一种生存游戏，所以传统武术又和崇尚健身的普通武术不一样。传统武术具有十分广泛的群众基础，历史悠久的中华民族，在长期的生存发展中，不断地积累社会实践，加以丰富融合，最终形成了宝贵的文化遗产——武术。竞技武术则是由传统武术演化而来的。竞技武术的内容有踢、打、绊、拿、柔术等等。竞技武术可以分为散打和套路两种，散打又叫散手，是武术的擂台形势，套路则可以算是武术的表演形式。

中华民族历史悠久，在其发展的各个阶段，对武术概念的表述是不尽相同的，其含义是随着社会历史的发展和武术本身的发展而发展变化的。在原始社会，武术被叫做“搏击”，特指人们狩猎活动；春秋战国时被称为“技击”；汉代时出现了“武艺”一词，也是今天被我们所熟知的，并一直使用到明朝末期；清初时人们借用《文选》中的“武术”一词；民国时“武术”被称为“国术”，一直到新中国成立后依然沿用。

而从其社会作用来看，商周时期，利用“武舞”来训练士兵，鼓舞士气；特别是在周代出现了一部中国武术史上重要的著作《周易》，其中“一阴一阳谓之道”的哲学思想，对中国养生学的发展影响极为深远，其“易有太极，是生两仪，两仪生四象，四象生八卦”为后世太极武术学说的基础；春秋战国以后，诸侯争霸，都很重视竞技技术在战场中的运用，齐桓公举行春秋两季的“角试”来选拔天下人才；秦汉以来，盛行角力击剑；唐朝以来开始实行武举制，裴民的剑术、李白的诗歌、张旭的草书并称唐代三绝，可见武术作为一种文化形式已经颇具影响力。中国武术自唐宋以后，逐渐传到了国外，日本、朝鲜、越南及东南亚国家习武者也不少，并形成一些武术门派。在欧美国家，中国武术的影响也非常深远，他们称中国武术为“功夫”。

二、中华武术——武术的历史沿革

武术起源于中国，是我国优秀的传统体育项目。几千年来，中国武术一直在民间默默地成长。

（一）源远流长的历史——古代武术的发展

武术在我国有着悠久的历史，它产生于我国远古时期人们的生产劳动。人们在狩猎的生产活动中，逐渐积累了劈、砍的技能。这些技能虽然是低级的，却是武术形成的基础。武术作为独立的社会文化现象，是与中华民族文明一同产生的。

在原始社会，野兽居多，人类为少，人们常常受到野兽的袭击，自然条件很恶劣。在“物竞天择，适者生存”的自然规律下，人们要想生存，必须要学会自卫，同自然作斗争，于是，逐渐产生了拳打脚踢、指抓掌击、跳跃翻滚这样的初级攻防手段。后来随着社会的进步，又逐渐学会了以石制或木制的工具作为武器，使用器械去搏斗捕杀，至此，武术的萌芽开始显现。

我们已经看到，在旧石器时代，人类已经学会了使用工具。那时，就出现了尖状石器、石球、石手斧、骨角加工的矛。而到了新石器时代的末期，又出现了大量的石斧、石铲、石刀和骨制的鱼叉、弓箭，甚至还有铜斧等。这些原始生产工具和武器，后来大部分都成了武术器械的前身。

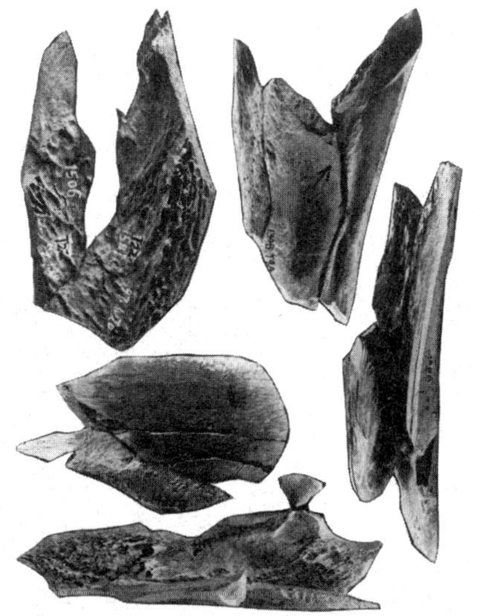

武术的萌芽在原始社会时期渐渐出现。智慧的人们又不断从部落战争双方的决斗中总结经验，逐渐获得了攻防技能和经验，并且加以练习，代代相传。这样，一代一代地，打击、刺杀、行拳、踢腿，不断模仿着、传授着、习练着，便产生了武术。

武术真正成形于奴隶社会时期。夏朝建立时，经过了连绵不断的战火，武术为了适应实际战争，需要进一步向实用化、规范化发展。夏朝时期的武术活动主要从以下两个方面发展：一是军队的武术活动，二是以武术为主的学校教育。

进入阶级社会，随着生产力的发展、兵器的改进，武术又进入一个新的发展阶段。

商周时期，由于青铜业的发展，出现了矛、戈、戟、斧、刀、剑等精良的兵器，人们也学会了运用这些器械的方法，如劈、扎、刺、砍等，还有了比拼武艺高低的赛事。当时的武技多称为“手搏”“手格”“股肱”等。据《史记》记载，夏王桀、殷王武乙和纣王都是徒手生擒猛兽的技术能手。同时，还出现了武术训练的重要手段——田猎。

周代设“序”等学校，并把习武列为教育内容之一。相传在周时期出现了一部中国武术史上重要的著作《周易》，也被称作《易经》。“一阴一阳谓之道”。《易经》这本书有着含义极其丰富的哲学思想，对我国养生学、保健学的发展影响极为深远，其中由“易有太级，是生两仪，两仪生四象，四象生八卦”之句产生了太极学说，从此奠定了中国武术体系的基础。加之殷周时代的奴隶战争及春秋时诸侯战争的史实，我们可以推断出武术是战争所需要的。武术文化在这个时候才有了它的文化内涵，从原始时期的简单打斗中拥有武术文化的灵魂。

后来，武术开始从古代军事活动中慢慢地独立出来，出现了使用上述剑术理论并依附于贵族阶层的侠士。《庄子·说剑篇》对此有比较详细的记载，文中记载：“昔赵文王喜剑，剑士夹门而客三千余人，日夜相击于前，死伤者岁百余人，好之不厌。”这件事说明当时出现了相当规模的依附于贵族的侠士，这是一些在某种观念支配下，凭借自己的剑术为人效命，或者以武技谋生的人。因此，侠士应该是此时传统武术的主要载体。此外，从《庄子·说剑篇》我们还可以看出，斗剑活动在当时的民间社会非常盛行，这表明武术基本运动形式中的器械格斗基本形成。可见，此时的传统武术开始从军事武艺中独立出来，形成

了一个包含斗剑、剑术、武德以及以侠士为载体的基本结构。

但是，此时的传统武术与军事武艺仍然保持着紧密的联系，有时甚至不分彼此。在春秋战国时代，军营中主要用角力和武舞来提高士兵的战斗力。角力在周代春秋时期，是军事训练的重要内容。《礼记》记载:“孟冬之月，天子乃命将帅讲武、习射、御、角力。”到了战国时期，先秦出现的角力更名为角抵。《汉书·刑法志》记载:“春秋之后，灭弱吞小，并为战国，稍增讲武之礼，以为戏乐，用相夸视，而秦更名角抵。”这一时期，角抵从形式上看是一种徒手竞技，主要是摔法和体力的较量，此外，它还具有军中娱乐的作用。而对于武舞也是一样。所谓武舞，就是手持兵器的舞蹈。据史料记载，先秦时期武舞主要有两三种，一是《左传》中记载的万舞；一种是《诗经》中记载的象舞，即小孩子长大后所练的模仿军事技击之术；再就是西周时期的大武舞，是周武王为庆祝胜利而作。这三种武舞中，很明显象舞对军事武艺持肯定态度，鼓励推动军事武艺的发展。

而对于以剑侠为载体的传统武术，统治者的态度则是矛盾的。比如，一些统治者出于增强军事实力的目的，鼓励传统武术的发展。但有的统治者则对传统武术持否定态度。比如，韩非子就说“儒以文乱法，侠以武犯禁”，他认为传统武术的发展会危及社会的统治秩序。

统治者的矛盾态度，在一定程度上决定了传统武术在此时代的发展是受限的；加之此时只是中国传统文化的形成时期，诸子百家内蕴深厚的理论还不能为这些侠士完全领会。比如，他们运用“道”和“阴阳”辩证来阐述剑术时，阴阳仅不过用来代指“明暗”而已。所以，春秋战国时期的传统武术刚刚开始从军事武艺中独立出来，其各方面都还稍显稚嫩，这个时期也只能是传统武术的形成时期。

公元前 221 年，经过多年的征战，秦王嬴政统一六国。秦王朝建立后，文化上实行专制主

义，制造了震惊后世的“焚书坑儒”。收天下之兵器，并在民间禁武来维护自己的专制统治。汉朝建立以后，实行思想的大一统，仍是君主专制政治无法回避的历史任务。在汉朝的政治和经济获得稳定之后，汉武帝接受董仲舒建议，罢黜百家，独尊儒术。

汉朝罢黜百家、独尊儒术，实现文化的统一后，虽然汉朝迫于匈奴的军事压力，但客观上却推动了军事武艺的发展。

汉朝结束之后，中国进入魏晋南北朝时代，也进入了政权频繁更迭、军阀割据的时代。军事的需要也使传统武术在军营中焕发出新的活力。两晋时的兵制是世兵制，即一家人中只要有当兵的，那么，全家都会是士兵，这样，产生了一些世代为兵的家族，因而他们的武术技艺也就成为了家传。

史料记载，在南朝梁武帝时，有一名将叫羊侃，他武功超群，有一天皇帝让他在大家面前展示一下他的非凡神功，于是，他手抓大殿木柱，最后手指竟然都陷入了木柱，皇帝高兴，赏赐无数。另外，羊侃的弹跳功夫也很非凡，“侃少而雄勇，膂力绝人，所用弓至十余石。尝于兖州尧庙蹋壁，直上至五寻，横行得七迹。泗桥有数石人，长八尺，大十围，侃执以相击，悉皆破碎”。寻是古代的长度单位，八尺为一寻，五寻就是四十尺，也就是将近四丈。横行七迹，就是说羊侃飞檐走壁，横上墙壁达七步，如此可见一斑。

隋唐时代，国力鼎盛，统治者依仗强大的国力，显现出了一种无所畏惧、自信满满的文化气派，统治者有足够的魄力来推进传统武术的发展。武举制的创立，激发了各阶层习武的热情，使传统武术从低谷走向兴盛。隋唐时期，百姓尚武任侠，统治者也身体力行，促进了传统武术特别是剑术的发展。

宋元时期是中国传统武术的成熟阶段。安史之乱使中国封建社会的经济结构发生了巨大变化。经济结构的变化，促进了商业繁荣，在熙熙攘攘的都市中生活的人们，大都醉心于感官的享受，比如各种令人眼花缭乱的文艺节目，而武术表演便是其中之一。可以说，宋元时期，传统武术已经真正从军营中独立出来，成为与军事武艺并行发展的存在形态，这是传统武术文化发展走向成熟的重要标志。那时，出现了很多的武术组织，比如以“乡社”为基础的武术结社组织。这些组织是为了防御外姓他族的掠夺，以及反抗封建剥削和压迫；城市结社组织，结社的成员大都来自市民阶层且有一定的武艺，在一起相互习武练技，强身健体，娱乐休闲；同时还出现了大量民间艺人，以练武卖艺为生。

明清时期思想上程朱理学占统治地位，是中国传统武术新的发展阶段。作为封建社会的晚期，君主专制登峰造极。

明清时期传统武术的完善主要体现在以下几个方面：首先，吸取中国古典哲学的精华，完善武术技击方法和理论。明清时期能够合理自如地运用中国古典哲学来阐发传统武术的方法和理论。比如，以太极学说立论的太极拳。太极开篇立言，“太极者，无极而生，阴阳之母也。动之则分，静之则合”。这句话来自于北宋周敦颐的《太极图》。以八卦学说立论的八卦掌，是董海川发明的一种以绕圈走转为特点的拳术，初名为“转掌”，后更名为“八卦转掌”，现以“八卦掌”为人所知。其基本运动形式为“走圆圈”，正好经过八卦的八个方位；以人体各部位比诸八卦，提出姿势要求；以基本八掌比诸八卦取象，以阐述八卦含义的《易理》来解释拳理，作为八卦的理论基础。形意拳，以五行学说立论。郭云深之师李飞羽开创。依五行学说立论，以基本五拳配五行，并以五行的特征作为对拳法的基本要求。另依五行脏腑说，将五拳配五脏，讲述五拳与五脏的相互关系。

明清时期，还涌现了大量的拳种，门派林立。特别是到了清代，统治者禁教不禁拳，对民间武术采取了比较宽容的态度。在这种环境下，民间教门和秘密结社借传习武术宣传教义，发展组织，这在很大程度上促进了传统武术在民间的传播和普及。可见，民间教门和秘密结社是这个时期传统武术载体发展的一大特色，这使传统武术的民间载体进一步完善，使传统武术真正从军事武艺中独立出来。另一方面，各门各派都有自己独特的习武方法、训练方式，因此，他们自己按照自己的标准择徒，将本门武功一代又一代地传承下去，这就形成了不同于西方技击术依靠学校教育的师徒传承方式。

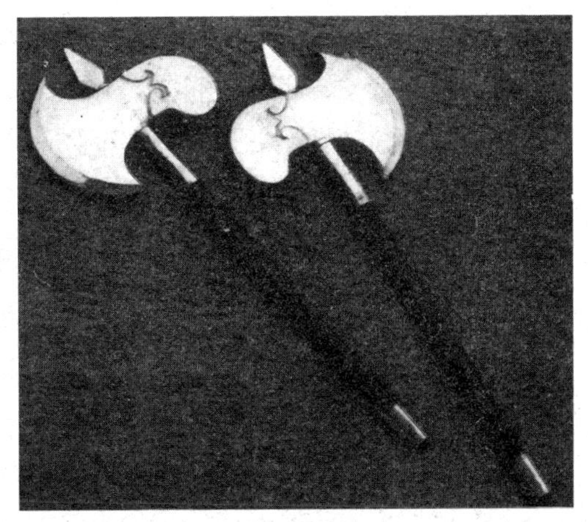

以往的武术技巧多靠口头相传，亲身教授，将其写在书上保留的非常少。由于明代的文武全才之风，使武术家著书立说的现象达到鼎盛，而且图文并茂，十分精彩，保留了珍贵的武学遗产，为后世研究武术提供了重要依据。

（二）扬眉吐气出国门——近代武术的发展

中华人民共和国成立后，国家非常重视对优秀民族遗产的保护。各种举措如雨后春笋，不胜枚举。各级武术协会相继成立；国家设专门机构，负责开展

武术运动；武术被列为正式比赛项目，多次举办全国性武术比赛或表演大会；为了推动武术的普及和提高，国家组织创编了比赛规定套路，出版了武术书籍和挂图，拍摄了武术影片和录像；为探讨武术运动锻炼的价值，组织了有关生理的测定和研究，使其逐步科学化。党和政府关心人民的健康，重视优秀民族文化遗产的继承和发展。国家吸众家之长，整理出简化太极拳、中组长拳、初级长拳以及器械套路。这些措施极大地推动了武术的普及和研究工作，使武术运动得到了长足的发展。而近几年来，武术套路在技术风格、武术的质量和难度上，都有了很大的提高和突破；此外，还出现了集体比赛的项目，这应该是武术发展史上的新成果。

随着我国对外开放的扩大，外国文化引进来，中国国粹走出去，武术也不断走出国门，一展风采，对增进各国人民的友谊、促进文化交流作出了贡献。

我国武术最早传到日本和东南亚一带。据记载，明代拳师陈元资东渡日本，传授少林拳法，奠定了日本“柔道”的基础。还有，日本的空手道、合气道，朝鲜的跆拳道，泰国的暹罗拳，菲律宾的棍术也都不同程度地受到中国武术的影响。

中国作为武术的发源地，近几年曾派人先后到五大洲六十多个国家进行武术表演和交流，不仅宣传了我国的民族文化遗产，同时也增进了国际友谊。目前，我们可以看到很多功夫电影，也欣喜地发现很多外国人开始习中国功夫之

武。国外的武术爱好者对这种既有超凡的技艺，又不乏美感，内涵丰富的功夫情有独钟。这体现出，中国武术已风靡世界很多地方。在国际上，武术热方兴未艾。“功夫”“少林”“太极”“武术”的汉语拼音——“GongFu”“ShaoLin”“TaiJi”“WuShu”已成为英语中的常用词被计入教材词典，相信中国的武术有一天会在全世界发扬光大。

武术为适应时代的变化，逐步成为了中国近代体育的有机组成部分。民国时期，民间出现了许多拳社、武士会等武术组织。近代各种武术组织也相继成立。中央国术馆于1927年在南京成立；中国武术队于1936年赴柏林奥运会参加表演。中国武术协会于1956年建立武术协会、武术队等，此时，群众性的武术活动网已空前形成，这为武术更快更好的发展开拓了广阔的道路。西安于1985年举办了首届国际武术邀请赛，并成立了国际武术联合会筹委会，这是武术发展中历史性的突破。第一届亚洲武术锦标赛于1987年在横滨举行，标志着武术走入了亚运会的大门。1990年，武术首次被列入第十一届亚运会竞赛项目。1999年，国际奥委会吸收国际武联为正式的国际体育单项联合成员，这是武术发展中的又一次历史性的突破，意味着在不久的将来，武术即将成为奥运会的新星，来向全世界展示它飒爽的英姿和动人的魅力。我们看到，“把武术推向世界”这一雄伟的目标离实现的那一天不远了！

自从十一届三中全会以来，党和政府高度重视武术的发展。而中国武术也异常争气，无论是在竞技体育领域，还是在全民健身运动上，其取得的成就都是巨大的。至今，武术正呈现出多种多样的发展趋势。在竞技体育发展方面，武术的奥运工程取得了举世瞩目的成就；在全民健身方面，武术已经成为人们普遍采用的健身方式。并且，我们的瑰宝也扬眉吐气，走向了世界，为世界人民所喜爱的运动。

三、尚武崇德健身心——武术的特点

（一）寓技击于体育之中

武术很重要的一个特点是，具有格斗技击的特点。在古代，武术最初是一种军事训练方法，是与古代军事斗争的胜败紧密相连的，运用武术就是要在战争中置敌人于死地。在实用中，为了杀伤、制服对方，常常以最有效的技击方法，迫使对方丧失反抗能力。因为其在战场的重要性，直到今天，这些技击术仍在军队、公安训练人才时被采用。武术除了在战场上的应用，作为体育运动，也是精彩而又行之有效的健身方法。在技术上虽不再有致命性，但是仍然不失攻防格斗的特性，体育中的武术，限制了一些套路的应用，而且严格规定了击打部位和保护护具，既没有失去武术真正的特点，对练习者也不再有被伤害的危险。

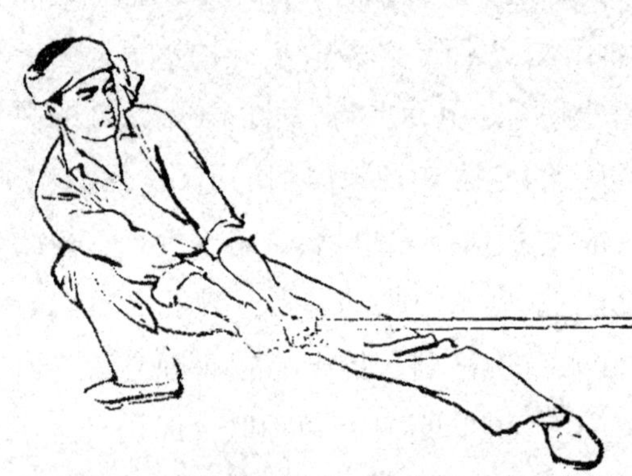

（二）形神兼备的民族风格

中国武术讲究外在形体动作必须规范，但更为重要的是，习武之时，精神要集中，内心要与外在的动作合二为一，正所谓“内外合一，形神兼备”，内心的集中，是指心、神、意等三种心志的活动和气息的运行；而外在的统一，是指手眼身步等形体活动，眼到手到身体协调。这主要是通过武术功法来体现的。我们耳熟能详的一句话“内练精气神，外练筋骨皮”，是我们对武术功用的最直接的认识，而这也契合了武术“手眼身法步，精神气力功”的特点，内外归一。比如我们熟悉的“五禽操”，就是一种模仿虎、鹿、熊、猿、鸟五种动物的神奇功夫，其意境就是“外动内静、动中求静、动静兼备、有刚有柔、刚柔并济、练内练外、内外兼练”；太极拳主张身心合修，要求“以心行气，以气运身”；

形意拳讲究“内三合，外三合”；大洪拳、少林拳要求精、力、气、骨、神内外兼修。

“心动形随”“形断意连”，这一特点反映了中国武术作为一种特殊的文化形式，在漫长的演进发展中，深受中国古代哲学、医学、美学等方面的渗透和影响，而这也是武术独具中华民族风格与特色的表现。

（三）广泛的适应性

中华武术历史悠久，内容丰富多彩，深受广大劳动人民的喜爱，不仅仅是因为其强身健体等多重特点，更加重要的是，其具有广泛的适应性。武术深深扎根于人民群众之中。我国自成体系的拳种众多，不同的拳种其动作、套路不同。技术要求、运动风格和运动量也大不相同，有激烈之术，也有轻柔之技，习武者不论年龄、性别、体质有多么大的差别，都可以根据自己的身体条件、兴趣爱好，选择适合自己的练习项目。

同时，武术运动不受时间、季节的限制，场地器材也差别各异。夏练三伏，冬练三九；剑舞方圆百里，拳打卧牛之地，有剑挥剑，无剑练拳，尤其练功。这种广泛的适应性是其他的体育项目所无法比拟的，也给开展群众性体育运动创造了有利条件。相比于其他国家的经济发展，我国体育场地、器材、设施还严重不足，想满足全民健身的要求还远远不行。在这种情况下，传统武术项目充分显示它经济实用的价值，其天然的优势，不拘于形式，不限于器材，不束于场地。大多数传统武术运动项目的开展，对运动设施、器材经费和活动组织要求都不高，这正适合我国目前的情况。我想，从古至今，多少年的发展史，直到今天，武术仍然能在广大民间流传并且经久不衰，与这一特点不无关系。

四、健体魄供审美——武术的作用

（一）健体强身

武术有一些自身所固有的特点，也是我们可以显而易见的。比如，强身健体、搏击能力、娱乐身心、文化传承等功能。当武术演化出套路表演形式后，人们可以自娱和他娱，使人们感受身体运动的美学价值，培养人们的审美情趣。长期练习武术，运动能力会显著提高，体质得到增强，坚持习武可以提高人的灵活程度、技击能力、强化防身自卫和攻击能力。在历史前期，人们的体质决定着一个国家的强盛，小到疾病预防，农业生产，大到战场杀敌，国家兴亡，体质都起着重要的作用。中华武术普遍受到历朝历代的重视，是由于武术的社会生产价值尤为突出。在社会生产劳动中，生产者的体能强弱直接决定了生产效率的高低，特别是在农耕、渔猎、游牧等对体能要求较高的生产活动中，武术作为提高体能的有效方式备受人们重视。比如发展人们力量的“扛鼎”等练习主要是为了提高生产效率。因此，普及化的习武活动对中华民族而言，无形中发挥着强种强族的作用。

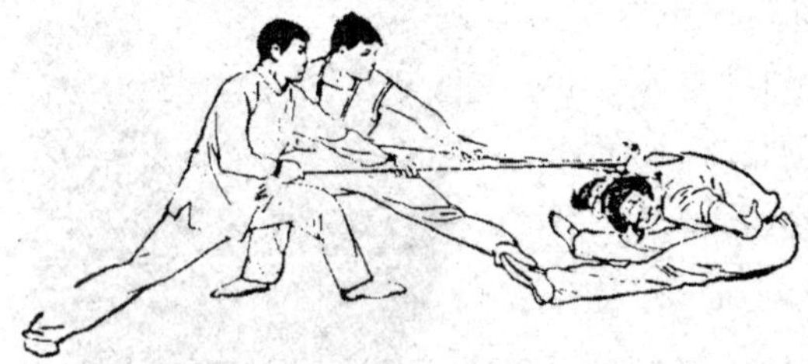

俗话说：“人食五谷，岂能无病。”人类健康的一个重要指标就是对疾病的抵御能力，对疾病的抗争。中国武术在这两个方面都做出了自己的努力，尤其是在主动预防方面做得比较突出。比如“五禽戏”“易筋经”，近代以来的太极拳、保健气功等。融合保健养生功法的中华武术，能够帮助人们增强体质，提高对疾病的抵抗能力，正所谓“流水不腐，户枢不蠹”。同时长期习练，具备内外兼修、身心并育的武术套路和功法还可以有效地磨练意志、陶冶情操。因此更加凸显了对人体健康的帮助作用。作为中国人十分熟悉的强身健体方式，自然成为了当今社会人们首选的健身活动内容，尤其是中老年人格外青睐的太极运动，充分说明这类健身方式适合于这类人群的健身需求。

中国古代战乱频繁，军事战争繁多，冷兵器时期的作战主要依靠的就是士

兵的体能和武术技能。为了军事的目的，历朝历代的统治集团都非常重视对士兵的体能训练，而武术是体能训练和技能提高的重要手段。尚武的先秦自然不必说，即使是到了尚文成风的魏晋之后，体能训练依然没有被完全忽略。比如南北朝时期，在一般的平民百姓中仍然经常进行武艺训练和比赛，即使在生活相对比较安定的南方，也有人建议以编户齐民的形式把所有的精壮男子组织起来，教以阵战、骑马、游水、挽强（开弓）、击刺之术，以便随时征调参战。

武术“内外合一”的特点，使得武术重视调节行气气息和意念活动，这对调养气血，改善人体机能，健体强身都是十分有益的。在中国悠久的健身文化中，传统武术堪称是一颗璀璨的明珠。它源远流长、博大精深，经过历代武术家的不断提炼、创造和发展，取健身养生之精髓，集技击娱乐之大成，逐渐形成了包含多种锻炼方式，具有强身健体，修身养性等多种功能的民族传统武术项目，以它深厚的文化底蕴和独树一帜的健身价值，受到越来越多人的青睐。

传统武术在现代人们的选择下，也积极地发挥着其健身功能。传统武术的健身功能是早期就有的，只是古代武术的技击性占主要地位，而健身则处在一个从属的地位。传统武术体系庞大，拳种流派多，功法运动多样，运动形式有慢有快，刚柔相济，动静结合，不同年龄、不同身体状况的人，都能从传统武术中找到适合自己练习的运动套路和功法等。传统武术和导引、吐纳相结合，使之具有了很好的健身养生功能，使人们通过练习传统武术以达到身心健康的放松，得到很好的强身健体、修养身心的效果。太极拳中“详推用意终何在，益寿延年不老春”就是传统武术健身养生价值的最好诠释。

（二）赏观娱乐

除此之外，武术还具有供人审美、娱乐欣赏的功用。当人们聚精会神地观看激烈精彩的武术比赛或是运动时，无论是参赛者、习武者，还是武术自身的技术套路都有一种别具一格的艺术表现力，能够激发人们的艺术鉴赏兴趣，以及由此产生的美学价值。

我们能想起这样的一个词，“手舞足

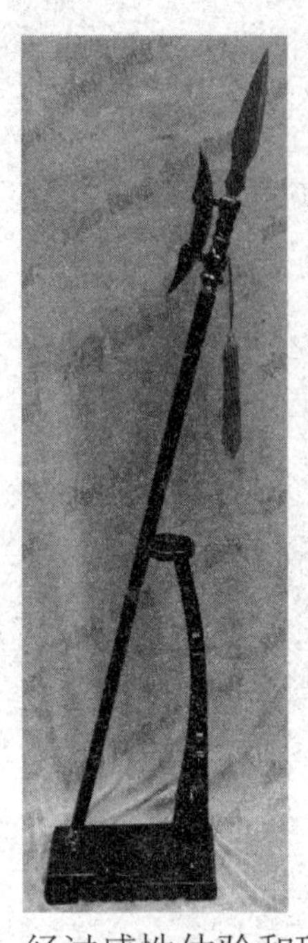

蹈”，这是人们表示达喜悦心情的最佳方式。而“手舞足蹈”不是那么简单的，它需要一定的套路，而且，套路要不断地更新，更新的内容与显示生活越是密切相关，越能使人尽情尽兴。在这个过程中，国人选择了自己熟悉的武术，中华武术成为人们表达喜悦、进行欢愉的手段之一。由于中华武术内容丰富，形式多样，可以满足不同人群的娱乐需求。如赵文王喜欢斗剑，“日夜相击于前，死伤者岁百余人，好之不厌”，虽然这样的习武方式不大提倡，但是我们也可以看出人们乃至统治者都对习武有着浓厚的兴趣。“干戚舞”“万舞”“百戏”“枪矛舞”等各种武术套路表演总是受到百姓的青睐，常常是观者如云、“经月而罢”。尤其是古代，社会娱乐生活相对单一，中华武术不乏是绝好的娱乐方式。当今社会娱乐生活异常丰富，可供人们选择的内容和形式令人眼花缭乱，不过当人们经过感性体验和理性选择后，最终选择的趋势大多集中于本土的、大群体的、阳光的内容和形式。我们的国粹——武术就具备着这些特征，拥有强大的娱乐功能，日益成为世人乐此不疲的娱乐方式。如今人们已经认识到武术的功能和作用，在人们拥有闲暇、闲钱、闲情的时候，开始陶醉于这种越玩越有味的武术运动中，将它纳入生活方式之中，成为生活的必需品。

一个不能引导人们善度闲暇、正确休闲的社会是一个有缺陷的社会。在社会文明程度不断发展的今天，休闲娱乐已经成为人们提高生活方式和生命品质的追求。同样，传统武术在当今时代发展健身的同时，也要诠释着休闲娱乐的内容。传统武术作为一种融健身、修身、养性、防身、娱乐休闲于一身的传统体育项目，在当今全民健身和休闲时代进行发展，具有得天独厚的优势。传统武术以“天人合一”说为文化底蕴，以中国传统哲学为根基发展至今，注重“阴阳和谐、形神合一、统一协调”，凝结了传统文化的精华，渗透着中国自古以来的休闲思想，让人们在练习的过程中，提高生活质量，寻找自身的和谐，平衡发展。

（三）润德励志

练武对意志品质的考验是多角度、多方面的。练习武术基本功，要不断克

服疼痛关，磨练“冬练三九、夏练三伏”的坚强意志，常年持之有恒，坚持不懈。之后的动作规范，一遍一遍地纠正，强化，套路练习，要克服枯燥关，培养刻苦耐劳、砥砺精进永不自满的品质。当遭遇对手，不敌对方时，要克服退缩、放弃的念头，锻炼勇敢无畏、坚韧不屈的战斗意志。经过长期的锻炼，可以培养人们勤奋、刻苦、果敢、顽强、虚心好学、勇于进取的良好习性和意志品德。传统武术自古到今，一直被人们当成修身养性、健全人格的一种手段。“学艺先学礼，习武先习性”这是历来教武育人的准则。

在中华武术特有的师徒关系中，徒弟对师傅有着感恩、敬仰、尊重等多种特殊的情感，塑造了习武人尊师的美德。长期习练武术可以将伦理道德内化为人的自觉意识，因而武术的道德修养塑造功能必然有利于人的健康成长，有利于社会的和谐发展。以强身健体为目的习练武术能够提高人们的生活能力，人们以坚韧的意志去记忆套路、刻苦地训练去规范技术，通过这种方式，帮助人们提高抵抗焦虑的能力，提高社会适应的能力，从而端正生活态度。

武术在中国绵延几千年的历史中一向重礼仪、讲道德，诸如尊师爱生、互教互学、以武会友、切磋技艺、增进友谊、讲礼守信、见义勇为等品德，都是中国武术传统道德观念的体现，正是武术运动促进了传统道德的标准与社会主义文明的结合。这不仅是传统武术道德观念的体现，更是现代社会的做人准则，健全人格价值的具体表现。

武术不仅对个人品质的修炼有功不可没的助推力，而且对于国家的大风气的形成也有着重要的作用。

中国古代墨家追求“任侠”的理想人格，为中华武术生存提供了一个新的空间，使侠士阶层涌现，之后，侠士阶层发挥了稳定社会秩序的作用。侠士们凭借自身的武功，重诺轻生、舍己为人、杀富济贫、拔刀相助、惩恶扬善、匡扶正义、捐躯卫国，帮助统治集团和民众惩治社会邪恶势力，发挥了必要的稳定社会的作用。如春秋时的曹沫，在鲁庄公向齐桓公割地求和的盟会上孤身持剑，绑架了不可一世的齐桓公，迫令其无条件退还所侵占的鲁国土地。侠士们这样的能力和品格，使其在百姓心目中成为了一种仁义智勇的鲜活偶像，为民众树立了理想的目标，这种精神力量鼓舞着人们追求正义的勇气和信心，威慑邪恶，是社会控制的一种有效力量。魏晋时的嵇康刚正不阿，反对司马氏的政治阴谋，不求屈节自保，付出了生命代价。谭嗣同、秋瑾等更是我们熟悉的任

侠的热血志士。这种品质始终影响着国人，填补了因缺乏法律制约而留给社会控制乏力的空间，弥补了国家统治机构、机制不健全而产生的社会不公的缺憾。岳飞作为战将在国家处于危难之际，能舍生忘死，精忠报国，积极抵御外来的侵略。爱国武术家霍元甲能够在民族危难的关头，挺身而出，应对外国大力士的挑战，后来又创办精武体育会，致力于以武术来强国强民，这是民族气节在一个爱国武术家身上的体现。

千百年来，习武之人不仅用武术保家卫国，更重要的是，从社会伦理道德层面影响了世人，改善了风气。正是在这种勇于献身的爱国主义精神的感染和支配下，形成了中华民族自强不息、前赴后继的民族气节。

（四）赏观竞技

赏观竞技武术具有很高的观赏价值，无论套路表演，还是散手比赛，历来为人们喜闻乐见。唐代大诗人李白好友崔宗宗赞他“起舞拂长剑，四座皆扬眉”。杜甫在《观公孙大娘弟子舞剑器行》中有“昔有佳人公孙氏，一舞剑器动四方。观者如山色沮丧，天地为之久低昂”的描绘。汉代打擂台，“三百里内皆来观”，都说明无论是显现武术功力与技巧的竞赛表演套路，还是斗智较勇的对抗性散手比赛，都会引人入胜，给人以美的享受，都具有很高的观赏价值。交流交友武术运动蕴涵丰富，技理相通，入门之后会有“艺无止境”之感。群众性的武术活动，便成为人们切磋技艺、交流思想、增进友谊的良好手段。随着武术在世界广泛传播，还可促进与国外武术爱好者的交流。许多国外武术爱好者不仅喜爱武术套路，也喜爱武术散手，他们通过练武了解认识中国文化，探求东方文明。武术通过体育竞赛、文化交流等途径，在与世界各国人民友好交往中发挥着越来越大的作用。

五、武术之魂满中华

（一）名满中外的武术之乡

1. 沧州

古代的沧州，沿渤海方圆百余里，这里芦荡荒滩，人烟稀少，既是犯军发配之地，又是叛将蔽身之所。明清时，一些受朝廷缉拿的叛将，因喜爱沧州民众强悍喜武的风俗，来到这里避难。他们大都隐姓埋名，化装成僧道游侠，传授技艺，维持生计。加之沧州之地地处偏僻，土地瘠薄，旱、涝、虫灾时有降临。正常年景，许多人家糠菜半年粮。重灾之年，流浪乞讨，卖儿鬻女者不鲜。民不聊生，时有反抗，反抗必然伴随着打斗，习武之事时常发生，所以，由于社会环境，沧州人自古就任侠尚义。

沧州，古有“远恶郡州”之称，明时有“小梁山”之号，可见沧州武风的兴盛和武术之发展，与特定的地理环境关系是十分密切的。沧州自古是多民族

地区。由于历史原因，汉与满、蒙古、回等少数民族曾发生过隔阂与误解，但不快之事，逐渐消融。民族之间的不快，促进了武术的发展；民族之间的融洽，又相互交流了技艺，推动了武术发展。年深日久，沧州作为“武林”之地，渐渐被传开，并且根深叶茂。此地又有众多武术高超之人，他们大都名扬四方。沧州作为“武术之乡”的美誉，名扬中外。据史籍记载，沧州民间武术，兴于明，盛于清，至乾隆时，武术之乡已然形成，至清末，则声扬海外。从燕国开始，直到明清时代，多代王朝都建都于幽燕，而沧州是畿辅重地，为历代兵家必争之地。

自桓公时代，各朝各代均有多次战争发生于沧州一带。频繁的战事，使得生灵涂炭，民生维艰，而掌握攻防格斗的技能，才能求得自救，以求图存。隋建科举制，延续多代。至明中期，建武乡试、武会试之制，清光绪二十七年才废止。明清武科，对沧州武术发展亦有促进。民国七年，直隶督军曹锟为扩充其势力，在沧州招募武士数十名到其武术营任教或当兵。此举，对沧州武术发展具有推动作用。民国十七年，沧州籍国民军陆军上将张之江任中央国术馆馆长，大力提倡强身御辱，强种救国的运动，一时间沧州入馆任教或深造者近百人。

沧州武林人士，一向注重内外交流。唠叨沧州求教授艺之人，一定会受到热情款待。沧州人士也走出去，走向中华大地，周游南北，或设镖局，或任镖师，或于民间教徒，或入军旅授艺，或寻师访友学技，或参加擂台比武，吸取各地武技精华，充实沧州武林。因而，沧州武林门类和独立之拳械技艺愈加丰富，并且，独具沧州特色。从而，使得传统武术得以继承和发扬，国家规定的套路得以广泛传播。沧州武术运动员参加省和国家级比赛，多次名列榜首，有些被选入省和国家武术组织或高等院校。沧州武林人士，还有的担任省和国家武术组织领导职务，有的为武术教授或高级教练。在沧州境内，习武者数十万人，沧州“武术之乡”名声再振。

2. 沛县

沛县位于江苏省西北部，地处苏鲁豫皖四省交界，古称“沛泽”，又叫做沛国、小沛。自秦汉以来，素以“汉汤沐邑”“刘邦故里”“明光世家”“武术之乡”而闻名于世，亦有“千古龙飞地，帝王将相乡”的美誉。

沛县武术，历史悠久，自古武林豪杰多有，人才蔚起。沛县有“武术之乡”之誉，这与汉高祖刘邦的故里及汉文化的发祥地有直接的关系。项羽、刘邦能在秦王朝的暴政之下率领农民起义，其实这与刘邦自身会武，有武有勇不无关系，刘邦依靠沛县子弟兵和他军中的一批义勇之士为骨干，削秦灭楚，靠武士的勇武打下了汉室江山。《沛县志》载：“沛人尚武力，挟意气”，“民喜佩剑以自卫”。上自皇帝，下至庶民，无不佩剑。《沛县志》上还记载了这样一段历史，在宋代有位叫高进之的拳师，一天和朋友一起为友送丧，回到家后看到朋友的妻子被坏人强暴，一怒之下，杀了七人。在清朝乾隆年间编修的《沛县志》上记载，元代，自战乱以来，民喜佩剑以自卫，一旦与贼相遇，便奋不顾身。沛县的尚武之风自汉至明清两代在历史上都有记载，始终不衰。沛县武术有八大门派：赵派大洪拳、三晃膀大洪拳、武当大洪拳、二洪拳、黑虎拳、梅花拳、少林拳、西阳掌，传入沛境以来，已成为苏、鲁、豫、皖地区具有影响力的拳种，也是沛县成为全国武术之乡的历史因素。今天的沛县武术已经发展到十二大门派，形意拳、八卦掌、太极拳等相继传入沛县扎根落户。目前，在沛县最具代表性的三晃膀大洪拳，是清嘉庆年间“单胳膊李泰师”所传，由张监而朱王庄五座楼李兴美大师，再传大洪拳第八十九代传人邓洪先。大洪拳迄今已有数千年历史，唐朝名为“天罡拳”，宋朝更名“黑虎拳”，明初洪武年间更名“大洪拳”延名至今，历经沧桑、变革，大洪拳真传得以幸存。大洪拳属外家拳法，内外兼修，注重精气神的主导作用，动作朴实无华，刚劲有力。发拳有穿山洞石之情，落步有入地生根之意。虚实不定变化多端，多晃膀和连环掌，因而又称“三晃膀”大洪拳。梅花拳属少林拳派，套路结构对称紧凑，一招一式层层叠叠，动静分明，快慢相间，刚柔相济，

纵跳翻腾，连打带拿，招式朴实，变化多端。攻防意识强，使用价值高。据《沛县武术志》上记载，是清末由李振亭先生传入沛县。李振亭，字朝臣，享年102岁。其父李义鹏，为清末梅花拳一代宗师，李振亭自幼随父习武，功夫深厚，人称“神拳铁腿”，祖籍河南濮阳县，清光绪二十年因为家乡水患迁至沛县胡寨乡前吴堰村定居。李振亭随着张学良将军转战南北四载有余，战功卓著，少帅为酬谢他，赠战刀、宝剑各一把和明代香炉一只，1936年西安事变，李振亭重返沛城开设武馆广收门徒。此后，李家梅花拳在沛县生根开花，成为沛县武术老八大门派之一。

古沛人最讲究“文武双全”，故有俗语：有武无文则蛮，有文无武则弱。所以，沛县武术馆、武校非常重视文化课的学习。如今的沛县武术已走向产业化道路，武馆、武校，多达几十所，武术场子四百多个，全县人口一百一十多万，习武人数达三十万之多，从城镇到乡村，男女老幼利用节假日习拳的极为普遍，每年一次的武术散打比赛，成为他们的一个特殊节日。沛县人为能使中华武术发扬光大，致力于中华武术的传播，还把武馆开到了国外，在西欧并以米兰为中心，开设了六十多家中国功夫馆，洋弟子多达上万人。沛县人每年都有在国内或世界武术比赛中获得优秀成绩的，他们为沛县武乡作出了贡献，为中华民族赢得了荣誉，也为汉皇故里增添了光彩。

（二）武术大家齐争鸣

1. 天下武术出少林——少林派

少林寺历史久远，始建于北魏太和十九年（495年），位于河南登封城西少室山，有“禅宗祖廷、天下第一名刹”的美誉。32年后，印度名僧菩提达摩来到少林寺传授禅宗。人们说起禅宗时，往往会用一派“本地风光”来表达对禅宗的印象。佛教的文化渊源在印度，而禅宗是独具中国特色的佛教宗派，它的文化渊源在嵩山，在被誉为“禅宗祖庭”的少林寺。达摩首先到了金陵，一个月之后来到永宁寺，只见那九级浮屠“金盘炫日，光照云表；宝铎含风，响出天外；歌咏赞叹，实是神功”，自称活了150岁，周游列国，没有见过如永宁寺这般精美的寺院，真是极尽佛的境界。于是，达摩口唱南无，合掌赞美不停，已经将心许与嵩洛。离开永宁寺，达摩来到几十里外的嵩山少林寺，落迹于

此，终日面壁。禅宗修行的禅法称为“壁观”，就是面对墙壁静坐。由于长时间盘膝而坐，极易疲劳，僧人们就习武锻炼，以解除身体的困倦。因此传说少林拳是由达摩创造的。

以后，寺院逐渐扩大，僧徒日益增多，少林寺声名大振。

南北朝时，天竺僧人佛陀来到中国，因为他们爱好禅法，所以受到北魏孝文帝的礼遇。太和二十年，敕就少室山为佛陀立寺，供给衣食。寺庙建在少室山林中，所以因此得名少林。少林的经禅法文师承不绝，传播海内外。北周建德三年（574 年）武帝禁止佛法活动，寺庙因此被毁。后来在大象年间重建，名字改为陟岵寺，召了惠远、洪遵等 120 人住入寺内，名为“菩萨僧”。

隋代时，佛教十分兴盛。唐初，秦王李世民消灭王世充的割据势力时，曾经得到了寺庙中僧人的援助。少林寺和尚惠场、昙宗、志坚等 13 人在征战中，助战解围，立下了汗马功劳。李世民后当上了皇帝，封昙宗和尚为大将军，并特别允许少林寺和尚练僧兵，开杀戒，吃酒肉。寺内有一块《唐太宗赐少林寺主教碑》，记述了这一段历史。由于朝廷的大力支持，少林寺发展成为驰名中外的大佛寺，博得“天下第一名刹”的称号。于是，少林武僧也闻名遐迩。高宗和武则天也常常驾临少林，封赏优厚。唐代会昌年间，武宗禁佛，寺庙再一次遭临厄运，大半被毁，到了唐末五代，渐渐地倾向于衰退消亡，宋代时才稍稍有了修葺。宋代时少林武术又有了很大提高，寺僧多达 2000 余人。

元末农民起义，红巾军闯入少林，僧人们都四处逃散。明代时，寺庙得到了高度重视，宫廷中先后有八位皇子到寺内出家，寺庙便也屡次得到诏令，被大修，规模有所发展，少林寺达到了鼎盛时期。

1673 年，少林寺派僧兵参加战争，帮助康熙皇帝打赢了一场战争，但是随后，康熙命蒙古八旗进攻少林，少林寺被夷为平地，有五名僧人逃了出来，据说加入了天地会。少林寺在鼎盛时期，为七

进院落，规模很大。可惜在1928年军阀混战时，军阀石友三火烧少林寺，把天王殿、大雄宝殿、法堂和钟楼等主要建筑统统毁于一炬；许多珍贵的藏经、寺志、拳谱等烧成灰烬。现在还存在的建筑有山门、立雪亭、千佛殿等，其他建筑正在陆续恢复中。千佛殿内供毗卢佛铜像，因此亦叫毗卢殿。殿内砖地上还保存着20多个直径约4.5厘米的洼坑，是往昔寺僧练拳习武时的脚坑遗迹。脚坑分布方圆不大，呈一条线状，这是僧人刻苦练功的见证，也说明少林拳的所谓“曲而不曲，直而不直”的特点。千佛殿东侧的白衣殿，三面墙绘有少林拳谱壁画，壁画长约20米，很生动地表现少林寺和尚练拳习武的情景。在少林寺西约300米处的山脚下，有一塔林，这是唐以来少林寺历代住持僧的葬地，共250余座。这是我国最大的塔林，塔的大小不等，形状各异，大都有雕刻和题记，反映了各个时代的建筑风格，是研究我国古代砖古建筑和雕刻艺术的宝库。少林寺内还保存了不少珍贵的文物。山门门额上悬挂的“少林寺”匾额，是清康熙皇帝亲笔书写的。山门后大甬道和东西小马道旁立有碑碣数十通，称为少林寺碑林。其中有两通碑刻是留学我国的日本禅僧撰写的。康熙、雍正、乾隆等各位皇帝也很关心少林寺，亲自书写匾额，亲身巡游寺宇。1928年少林寺又遭到了兵变，天王殿、大雄殿等许多建筑、佛像、法器被毁。寺旁有始建于唐贞元七年（791年）的塔林，有塔220余座，还有初祖庵、二祖庵，以及附近的唐法如塔、同光塔、五代法华塔、元代缘公塔等。寺内保存自唐以来的碑碣石刻十分多，重要的比如说《唐太宗赐少林教碑》《武则天诗书碑》《戒坛铭》《少林寺碑》《灵运禅师塔碑铭》《裕公和尚碑》《息庵禅师道行碑》和近年建立的《日本大和尚宗道臣纪念碑》等。

少林寺很多建筑都和这里的僧人禅师的美德轶事有着密切的关系。很久之前，嵩山有位名叫神光的僧人，听说达摩大师住在少林寺，于是前往拜谒。达摩面壁端坐，不予理睬。神光没有气馁。他暗自思忖：“古人求道，无不历尽艰难险阻，忍常人所不能忍。古人尚且如此，我有何德何能？当自勉励！”

时值寒冬腊月，纷纷扬扬飘起漫天大雪。夜幕降临，神光仍在寺外站立不动，天明积雪已没过他的双膝。达摩这时才开口问道：“你久立雪中，所求何事?”神光泪流满面地说道：“只愿和尚慈悲，为我传道。”达摩担心神光只是一时冲动，难以持久，略有迟疑。神光明白了达摩心思，就取出利剑，自断左臂，置于达摩面前。达摩于是就留他在自己的身边，并为他取名慧可。少林寺

内的立雪亭，便是为纪念慧可断臂求法的事迹而建。

少林功夫是起源于僧人的日常生活。相传跋陀的弟子慧光12岁时，能在井栏上反踢毽子五百下。在井栏上踢毽子是很危险的，功夫不到家就可能跌落井中。少林功夫的许多招式都是僧人们受日常劳作，如挑水、扫地、打柴、烧火动作的启发加工提炼而成的。最高深的功夫其实也是最普通的功夫。被誉为少林功夫之源的《易筋经》，记载的就是一种疏通人体经脉从而强筋壮骨的功夫。像我们在之前提过的，菩提达摩采用壁观的方法参禅，长期静坐，困倦是难免的，要时常起来活动筋骨。相传达摩走后，少林僧人在洞中发现了一个铁盒，盒上没有锁，却打不开。聪明的僧人用火一烤，铁盒便开了，原来铁盒被蜡封住，以防水汽侵蚀。铁盒中有两部书，一本是《易筋经》，另一本叫《洗髓经》，都是用梵文写的。当时，少林寺里真正懂梵文的只有二祖慧可。慧可把《易筋经》留在少林，自己拿着《洗髓经》去云游天下。寺中也有一些对梵文一知半解的僧人，你翻他译，依法修炼，以致后来少林功夫多如牛毛。

后来，有位僧人带着《易筋经》去峨眉山，见到了天竺僧人般剌密谛。在般剌密谛的帮助下，《易筋经》才有了中文版。慧可云游归来，带回了他自己翻译的《洗髓经》。大家两相比较，才发现《易筋经》和《洗髓经》原来是一体的。自《易筋经》问世，少林僧人坐禅与习武已是密不可分了。

少林是武林的泰山北斗，少林武功更是博大精深，藏经阁内收集了三十六路拳脚及十八般兵器。各式各样的武学秘籍，《易筋经》《洗髓经》更是少林的镇寺之宝。除此之外，少林木马巷内的棍阵令武林人士闻之色变，据传至今还无人能闯过。少林武术，是中华武术的重要组成部分。少林武术以实战威猛、博大精深，早已饮誉天下，“拳以寺名，寺以拳显”。今日，少林弟子遍布全球。

少林武术历史故事非常多。据史载和传说，世人所熟知的有：隋末唐初十三棍僧救秦王，紧那罗变形退红巾。少林寺僧兵为国立功最为人乐道的是在明朝，也是少林武术发展鼎盛时期。嘉靖年间，倭寇骚扰我

国东南沿海，少林寺僧兵多次应诏出征，威猛骁勇，为国捐躯。朝廷为嘉其义烈，在少林寺山门前立旗旌表，至今遗石尚在，塔林有铭可考。

2. 武术胜地峨眉山——峨眉派

峨眉山位于四川省峨眉山市境内，在四川盆地的西南部，地处长江上游，屹立于大渡河与青衣江之间，位于峨眉山市西南 7 千米，东距乐山市 37 千米，是著名的旅游胜地和佛教名山，有“峨眉天下秀”之称。峨眉山是一个集自然风光与佛教文化为一体的中国国家级山岳型风景名胜区。它是我国的四大佛教名山之一，与山西五台山、浙江普陀山、安徽九华山并称为中国四大佛教名山。峨眉山主峰万佛顶海拔 3000 多米，全山山势巍峨俊秀而又树木葱茏，有“雄秀”之称。因为山体巨大，登山路线近百里，体弱者很难登顶。近年来建成了登山索道，游人可以轻松登临，在极顶俯瞰万里云海。在金顶可欣赏“日出”“云海”“佛光”和“圣灯”四大绝景。佛光是峨眉山最壮观的奇观。峨眉山山上共有大小佛寺数十处，寺内珍藏有许多精美的佛教文物。许多笃信佛教的老人不辞艰苦，一步一歇，历经十数日始达山顶。峨眉山优美的自然景观、良好的生态环境使它成为人们探奇揽胜、求仙修道的理想处所。1982 年，峨眉山被国务院批准列入第一批国家级风景名胜区名单。1996 年，峨眉山与乐山大佛共同被列入《世界自然与文化遗产名录》，2007 年，峨眉山景区经国家旅游局正式批准为国家 5A 级旅游景区。

峨眉山景区面积 154 平方千米，包括大峨、二峨、三峨、四峨四座大山。大峨山为峨眉山的主峰，通常说的峨眉山就是指大峨山。大峨、二峨两山相对，远望峨眉山，双峰缥缈如画眉，其陡峭险峻、横空出世的雄伟气势，使唐代诗人李白赞叹“峨眉高出西极天”“蜀国多仙山，峨眉邈难匹”。

峨眉山以多雾著称，常年云雾缭绕，雨丝霏霏。弥漫山间的云雾，变化万千，把峨眉山装点得婀娜多姿。峨眉山层峦叠嶂，秀甲天下，山势雄伟，景色秀丽，气象万千。素有“一山有四季，十里不同天”的美妙比喻。清代诗人谭

钟岳将峨眉山佳景概括为十景：金顶祥光、象池月夜、九老仙府、洪椿晓雨、白水秋风、双桥清音、大坪霁雪、灵岩叠翠、罗峰晴云、圣积晚钟。现在人们又不断发现和创造了许多新景观，如红珠拥翠、虎溪听泉、龙江栈道、龙门飞瀑、雷洞烟云、接引飞虹、卧云浮舟、冷杉幽林等。峨眉新十景：金顶金佛、万佛朝宗、小平情缘、清音平湖、幽谷灵猴、第一山亭、摩崖石刻、秀甲瀑布、迎宾石滩、名山起点。无不引人入胜。进入山中，重峦叠嶂，古木参天。峰回路转，云断桥连。涧深谷幽，天光一线。万壑飞流，水声潺潺。仙雀鸣唱，彩蝶翩翩；灵猴嬉戏，琴蛙奏弹，奇花铺径，别有洞天。春季万物萌动，郁郁葱葱；夏季百花争艳，姹紫嫣红；秋季红叶满山，五彩缤纷；冬季银装素裹，白雪皑皑。登临金顶极目远望，视野宽阔无比，景色十分壮丽。观日出、云海、佛光、晚霞，令你心旷神怡；西眺皑皑雪峰、贡嘎山、瓦屋山，山连天际；南望万佛顶，云涛滚滚，气势恢弘；北瞰百里平川，如铺锦绣，大渡河、青衣江尽收眼底。置身峨眉之巅，真有“一览众山小”之感慨。

《峨眉山志》等资料记载了这么一个传说故事：东汉明帝永平六年（63年）六月的一天，有一个叫蒲公的人，在云窝采药，见到一只鹿。鹿的蹄印美似莲花，蒲公十分惊讶，于是追之，但是鹿在逃到山顶后，便没了踪影。于是，蒲公回头问在山上结茅修行的宝掌和尚。和尚说是普贤菩萨“依本愿而现象于峨眉山”。蒲公归家后，便舍宅建寺，峨眉山就发展成普贤菩萨的道场。

另有资料说，是晋代的普公在山上采药时，见一老者骑白象隐去。以后的记载基本上是一致的。仅仅依据此传说，以后历代修建寺庙时都以普贤菩萨为中心，并发展成中国四大佛教名山之一。在汉末，佛家便在此建立寺庙。相传东汉时，山上已有道教宫观。佛教是晋初传上山的。东晋时期，高僧慧持、明果禅师等先后到峨眉山住锡修持。他们以相传峨眉山是普贤菩萨显灵和讲经说法之所为依据，把峨眉山作为普贤菩萨的道场，崇奉普贤菩萨。据佛经载，普贤与文殊同为释迦佛的主要助手，文殊表“智”，普贤表“德”。普贤团广修十种

行愿，故又称“愿”王，等号为“大行普贤”。普贤形象最富特征的是身下骑一六牙白象，作为愿行广大、功德圆满的象征。普贤菩萨的名气很大，广有信众，佛因山而兴盛，山因佛而扬名。峨眉山被尊为普贤菩萨道场后，全山由道改佛。唐、宋逐渐转盛，两教并存，寺庙宫观得到很大发展。明代之际，道教衰微，佛教日盛，僧侣一度达 1700 人之多，全山有大小寺院近百座，至清末寺庙已达 150 余座。

峨眉山佛教属大乘佛教，僧徒多是临济宗、曹洞宗门人。峨眉山佛教音乐丰富多彩，独树一帜。近 2000 年的佛教发展历程，给峨眉山留下了丰富的佛教文化遗产，造就了许多高僧大德，使峨眉山逐步成为中国乃至世界影响甚深的佛教圣地。全山共有僧尼约 300 人，寺庙近 30 座，其中著名的有报国寺、伏虎寺、清音阁、洪椿坪、仙峰寺、洗象池、金顶华藏寺、万年寺等八大寺庙。尼姑修行的寺院有伏虎寺、雷音寺、善觉寺、纯阳殿、神水阁。寺庙中的佛教造像有泥塑、木雕、玉刻、铜铁铸、瓷制、脱纱等，造型生动，工艺精湛。如万年寺的铜铸“普贤骑象”，堪称山中一绝，为国家一级保护文物，重达 62 吨，宋朝时铸造，已有一千多年的历史。阿弥陀佛铜像、三身佛铜像，报国寺内的脱纱七佛等，均为珍贵的佛教造像。还有贝叶经、华严铜塔、圣积晚钟、金顶铜碑、普贤金印，均为珍贵的佛教文物。

峨眉武术经过峨眉山的道、儒、佛等宗教文化、武术文化的相互融合、渗入，促进了其自身的发展；它集聚了佛、道两家武术、文化之精华而自成体系。据史料记载，峨眉武术源于殷商成于南宋。到了战国时期，据《峨眉山县志》《四川武术大全》记载，“峨眉通臂拳”由战国时期的“白猿公”司徒玄空仿山猿创编的武术套路，这是有史记载的中华武术第一人，司徒玄空还创编了“猿公剑法”。汉魏时期，道教传入峨眉山，道士们通过“吐纳、导引、坐忘、心斋、守一”等内炼法门达到“意”与“气”连与“神”合的境界，这种练功方法就是道教中的“气功”。后有峨眉僧人将佛教参禅打坐之法，道家养生功和民

间狩猎攻防技艺融为一体，开创了峨眉“僧门”派。南宋建炎元年（1127 年），峨眉山金顶白云禅师经多年琢磨创编了《峨眉气功》（又称《峨眉十二桩》）。又有德源长老集僧道武术之精华，结合自己的练功体会，编撰成《峨眉拳》一书。至此，峨眉武术形成了较为系统的理论体系。明末清初，峨眉武术的拳种流派已大有发展，峨眉山白龙洞湛然法师著《峨眉拳谱》一书，把峨眉派武术概括为“一树开五花，五花八叶扶。皎皎峨眉月，光辉满江湖”。“五花”指拳派流传的地域；“八叶”指“僧、岳、赵、杜、洪、化、字、会”八个门派。各个门派都有自己的特点及其传人，遍及国内外。清嘉庆年间，峨眉山龙神堂极善大师又结合自身经验，创出新路，苦心琢磨，练成“乌龙拳”。清末峨眉山仙峰寺太空法师及徒神灯长老和九老洞清虚道人合作创编了一种有别于各派的拳术，因太空法师禅修在子午二时，故称“子午门”。此外“侠家拳”是侠客李胡子从峨眉山学去的；“白眉拳”是峨眉山白眉道人所创，此二拳现流传四川、广东、香港、澳门等地。“法门气功十八段”“虎爪拳”“蛇拳”“鸭拳”“浪子燕青拳”“跛子拳”等均为峨眉僧、道创编，目前四川境内都有传人。

3. 道家武术数武当　　武当派

武当山，又名太和山、玄岳山。位于湖北省丹江口市境内，是我国著名的道教圣地之一。景区面积古称“方圆八百里”，现有 321 平方千米。东接历史名城襄樊市，西靠车城十堰市，南依原始森林神农架林区，北临大型人工淡水湖丹江口水库。武当山成为著名的仙山福地如同全国其他名山一样，有赖于其特殊的地理环境和自然优势。武当山方圆八百里，高险幽深，飞云荡雾，磅礴气势若飞龙走天际；灵秀处美似玉女下凡来，武当山不仅拥有奇特绚丽的自然景观，而且拥有丰富多彩的人文景观。可以说，武当山无与伦比的美，是自然美与人文美高度和谐的统一，因此被誉为“亘古无双胜境，天下第一仙山”。

武当山，作为国家重点风景名胜区、全国武术之乡、全国八大避暑胜地之一，其古建筑群被列入《世界文化遗产名录》，并先后荣获“全国文明风景名胜区”称号和“全国文明风景旅游区示范点”称号。

武当山，是著名的山岳风景旅游胜地。胜景有箭镞林立的七十二峰、绝壁深悬的三十六岩、激湍飞流的二十四涧、云腾雾蒸的十一洞、玄妙奇特的十石九台等。主峰天柱峰，海拔 1612 米，被誉为“一柱擎天”，四周群峰向主峰倾斜，形成“万山来朝”的奇观。

武当山的药用植物丰富，在《本草纲目》记载的 1800 多种中草药中，武当山就有 400 多种。据 1985 年药用植物普查结果，已知全山有药材 617 种，因此，武当山有“天然药库”之称。武当山被世人尊称为“仙山”“道山”。《太和山志》记载“武当”的含义源于“非真武不足当之”，意谓武当乃中国道教敬奉的“玄天真武大帝”（亦称真武帝）的发迹圣地。因此，千百年来，武当山作为道教福地、神仙居所而名扬天下。历朝历代慕名朝山进香、隐居修道者不计其数，相传东周尹喜，汉时马明生、阴长生，魏晋南北朝陶弘景、谢允，唐朝姚简、孙思邈、吕洞宾，五代时陈抟，宋时胡道玄，元时叶希真、刘道明、张守清均在此修炼。

武当山之盛名，还得益于它远离繁华喧嚣的宁静、清秀和奇异的风光。登上海拔 1612 米的主峰天柱峰，置身云端，所有尘世烦忧尽消于足下。环顾四周，七十二峰凌耸九霄，且都俯身颔首，朝向主峰，宛如众星捧月，俨然“万山来朝”。元人有诗曰：“七十二峰接天青，二十四涧水长鸣。”武当山天柱峰一带，山高谷深，溪涧纵横，身入其境，会有俗念顿消的出世之感。武当山古建筑群规模宏大，气势雄伟。据统计，唐至清代共建庙宇 500 多处，庙房 20000 余间，明代达到鼎盛，历代皇帝都把武当山道场作为皇室家庙来修建。明永乐年间，大建武当，史有“北建故宫，南建武当”之说，共建成九宫、九观、三十六庵堂、七十二岩庙、三十九桥、十二亭等三十三座道教建筑群，面积达 160 万平方米。明嘉靖三十一年（1552 年）又进行扩建，形成“五里一庵

十里宫，丹墙翠瓦望玲珑。楼台隐映金银气，林岫回环画镜中”的建筑奇观，达到“仙山琼阁”的意境。现存较完好的古建筑有129处，庙房1182间，犹如我国古代建筑成就的展览。金殿、紫霄宫、“治世玄岳”石牌坊、南岩宫、玉虚宫遗址分别于1961年、1982年、1988年、1996年、2001年被列为国家重点文物保护单位。除古建筑外，武当山尚存珍贵文物7400多件，尤以道教文物著称于世，故被誉为“道教文物宝库”。武当山的宫观、道院、亭台、楼阁等宏伟的古建筑群，遍布峰峦幽壑，历经千年，沐风雨而不蚀，迎雷电竟未损，似是岁月无痕，堪称人间奇绝。武当道乐“戛玉撞金，鸣丝吹竹，飘飘云端”，但凡亲耳聆听者皆肃然起敬，尊之为“仙乐”“梵音”。

武当武术，又称“内家拳”，源远流长，玄妙飘灵，是中国武术的一大流派，少林武术有“禅武”精神，武当武术则有“真武”精神，素有“南尊武当，北崇少林”之说。它以静制动，以柔克刚，炼气凝神，刚柔相济，内外兼修，是极好的健身养性之术。富有神韵的武当道教音乐，具有中庸、委婉和庄重、典雅的特点，与武当武术同享盛名。武当传说故事、民歌、民俗风情等丰富多彩，异彩纷呈。武当山神奇的自然景观和丰富的人文景观融为一体，其物华天宝又兼具人杰地灵的特质给世人留下极大的想象空间。作为中华民族大好河山的一块瑰宝，令世人神往，让我们走进钟灵毓秀、自然天成的武当山，去感悟它的玄妙、空灵和神韵。武当武术历史悠久，博大精深。元末明初武当道士张三丰集其大成，被尊为武当武术的开山祖师。张三丰将《易经》和《道德经》的精髓与武术巧妙融为一体，创造了具有重要养生健身价值，以太极拳、形意拳、八卦掌为主体的武当武术。后经历代武术家不断创新、充实、积累，形成中华武术一大流派。武当拳，这种拳法以养身练功、防身保健为宗旨，具有尚意不尚力，四两拨千斤，以柔克刚，后发制人，延年益寿，祛病御疾，增长智慧等多种特点和功能。目前，武当武术已流传到海内外，并成为人们养身保健、祛病延年的体育活动。武当武术具有鲜明的道家文化特征，是武功和养生方法的天然结合体，既具有深厚的传

统武术文化底蕴，又含有精湛的科学道理。太极拳强调“先以心使身”而后再以“身从心”，形意拳讲究“用意不用力，意到气到，气到力达”，八卦掌要求走转圈“化意念足”，这些都体现了道家“包藏至道”以达“想推用意终何在，益寿延年不老春”的健身宗旨，符合把形体训练与心理训练相结合的内养外练的运动观念。武当武术理论体系和技术体系完整，它以“宇宙整体观”“天人合一观”为宗旨，以“厚德载物”“道法自然”为原则，以“动静结合”“内外兼修”为方法，形成诸多各具特色的拳功剑法，既有功理和功法，也有套路操作和主旨要领，这些都集中体现在张三丰的《太极拳总论》《太极拳歌》和《太极拳十三式》三大经典之中。

（三）武术宗师民族魂

1. 张三丰

张三丰一生的事迹，如神龙见首不见尾，在所有后世人的心中，越来越觉得神秘难测，所以有关张三丰的传说非常之多。张三丰最后卒于何时，也无从考证。但张三丰这个名字在今天知名度依然极高，像金庸先生的小说中塑造过

他的形象，性格慈祥和蔼，武功深不可测，让人感觉十分可亲可敬。

对于张三丰早年的情况，现在比较确凿的资料非常少。《明史·张三丰传》中只说他是辽东懿州人，早年时的其他情况一概没有说，只是说了一下张三丰成名后的行止。

《明史·张三丰传》中说张三丰无论寒暑，都只是一身破衣服，防风挡寒；一个旧蓑衣，经霜遮雨。张三丰不大注重仪表，不拘于小节。所以人们也常称他为“张邋遢”，或者叫他“邋遢道人”。张三丰饭量很大，一顿吃一升或一斗米都不在话下，但有时候却也可以好几天才吃一顿饭，甚至好几个月不吃饭。他的另一个爱好就是喜欢云游四方，常常是居无定所，高兴时穿山走石，疲倦时铺云卧雪。或处穷山，或游闹市，嬉戏自如，旁若无人。有人相传他一日能行千里，吕祖有诗曰：“朝游北海暮苍梧”，张三丰大概也是这样。《德安府志》中曾记载过，张三丰一度在太平山上隐居，但张三丰天性随和，和当地的父老乡亲相处融洽。有一天，张三丰即将离开，邀请这些乡里的老人们吃饭作别，但张三丰家中久不生火，火种因此也没有了，于是他说下山去取，顷刻之间，就回来了，但上山下山往返路程要四丨里地之远。同时他还买来了一点豆腐，用木板托着一路拿来，但原来这豆腐是唐邑城西关姓王家的，唐邑城离太平山要一百四十多里地。如此可见，武术宗师的美名真是名不虚传啊！

但张三丰的武功卓绝却鲜有记载，在他悟成太极拳后，曾“以单拳杀贼百余，遂以绝技名于世”。这是历代道家高人中唯一显示过武功的记载。如果属实，张三丰的武功似乎较武侠小说中的描写尚有过之而无不反，一拳就打死上百个贼人，比之降龙十八掌、大金刚拳什么的丝毫不逊色。

张三丰修道时也喜爱武当山，他在游历了武当山后，曾有“此山异日必大兴”的赞叹。但当时的武当山，上面的观舍全都毁于兵火，成了一个标准的荒山。于是，张三丰和徒弟们砍去荆棘，清理瓦砾，搭了几间草屋住下。据说张三丰在武当山修道时，常坐在五棵古树下，然而“猛兽不噬，鸷鸟不搏”，他登山时轻捷如飞，隆冬常卧在雪中，鼾声如雷。人们都感到惊异，认为他是奇人。当时有邱玄靖、孙碧德、杨善澄、古泉、卢秋云等人拜他为师。但时隔不久，张三丰又飘然而去，后在陕西宝鸡的金台观逗留了不少时日，据说张三丰的名号就是见到宝鸡山三峰挺秀而来的，金台观现存有《张三丰遗迹记》一碑，为明朝时陕西参政知事、吏部右侍郎张用浣所立。

张三丰在宝鸡时，据说曾“死”过一回。《明史》和《微异录》上记载，有一天，他对门人杨轨山说：“我命数已尽，归天有期。”遂留颂辞而死。轨山和人们用棺材盛殓了他后正要下葬，却听得棺材里有活动的声音，开棺一看，张三丰又乐呵呵地爬出来了，惊得众人或哭或叫。张三丰死后复活，又到四川游玩，其中见了蜀献王，蜀献王是朱元璋的第十一个儿子，名叫朱椿。朱椿对张三丰十分崇敬钦佩，他写过一首诗名叫《题张神仙像》曰：“奇骨森立，美髯戟张。距重阳兮未远，步虚靖之遗芳。飘飘乎神仙之气，皎皎乎冰雪之肠……”可以看出，他对张三丰的景仰之情十分真诚，据说他得到张三丰的指点，对道家的真义有所领悟，后来躲过了政治上的灾祸。朱元璋曾对张三丰很感兴趣，下诏让他入朝。但张三丰不爱入世。皇帝再三下诏，他硬是不去，颁诏的使臣根本找不到他。朱元璋的儿子湘王朱柏听说了他的名气，亲自到武当山来寻找，但只看空山漠漠，林海莽莽，就是不见张三丰的踪影。到了燕王朱棣继

位后，他对张三丰更感兴趣，再三召来张三丰的弟子，让他们帮忙寻访张三丰。朱棣还亲自写了封信，上面说："皇帝敬奉书真仙张三丰先生足下：朕久仰真仙，渴思亲承仪范。尝遣使致香奉书……朕才质疏庸，然而至诚愿见之心夙夜不忘。敬再遣使致香奉书请……"我们知道的朱棣是个凶悍异常的暴君，杀人不眨眼，但在这封信中却非常客气，还自称"才质疏庸"，可以说已经是十分降尊纡贵，给了张三丰无上的礼遇。但是张三丰依然没有奉诏前来，只是赋诗一首，让他的弟子孙碧云转交朱棣。皇帝四处寻访却找不到张三丰，带着无尽的遗憾，下旨让人先后费时七年，征夫三十余万，修建了八宫二观、三十六庵堂、七十二岩庙、十二亭和三十九座桥梁等庞大的道教建筑群，其中最著名的是金殿。所谓金殿，是一个铜铸的建筑，耸立于天柱峰顶，故称为金顶十分壮观。至此，张三丰那句武当山日后"必大兴"的预言完全实现了。在中国历史上，虽然崇道的皇帝不少，但皇帝为一名道士大兴土木，建造宫观，并塑像祀奉，派官员洒扫的事情，却也不多。张三丰的名气，从此声传海内，比之正一派的那些大师们，风头尚有过之。

2. 霍元甲

霍元甲，生于1868年，卒于1910年，清末著名爱国武术家。字俊卿，祖籍河北省东光安乐屯（属沧州地区），世居天津静海小南河村（今属天津市），是精武体育会创始人。他武艺出众，又执仗正义，继承家传"迷踪拳"绝技，先后在天津和上海威震西洋大力士，是一位家喻户晓的英雄，他的一生虽然短暂，但轰轰烈烈，充满了传奇色彩。

霍元甲生在一个迷踪拳的世家。迷踪拳，又被称作燕青拳，相传是梁山好汉卢俊义和燕青所创立的。父亲霍恩第以保镖为业。霍恩第有三个儿子：霍元栋、霍元甲、霍元卿，霍元甲排行第二。霍元甲幼时体弱多病。其父霍恩第是名显一时的秘宗拳师，他担心元甲习武日后有损霍家名声，拒不授艺于他。但元甲志存高远，他日日留心，处处参察，偷艺于父传兄弟之机，苦练于舍外枣林之僻。后来被父亲知道，责备了他。霍元甲保证绝不

与人比武，不辱霍家门面，这样，才被父亲兄弟们允许一起习武。元甲天资聪颖，毅力惊人，功艺长兄亢进，在兄弟之中出类超群，并在 24 岁那年击败了一位外乡高手。父亲见到如此情况，便改变了之前的想法，悉心传艺。后来霍元甲以武会友，融合各武术之家之长，将祖传“秘宗拳”发展为“迷踪拳”，使祖传拳艺达到了新的高峰。光绪二十二年，山东大侠刘振声慕名来到天津，求拜于霍元甲门下。霍元甲看到刘振声为人正直，遂收为弟子。从此破了霍家拳“传内不传外”的先例。

霍元甲一生侠肝义胆。光绪二十四年，谭嗣同变法遇难，大刀王五（王子斌）去天津避难，与霍元甲一见如故，遂成至交。后王子斌在京遇难，被八国联军枭首示众。元甲与刘振声潜入京城，盗回首级，并取得《老残游记》作者刘鹗的协助，将义士身首合葬，尽了朋友之义。

光绪二十七年（1901 年），有一个俄国人来津在戏园卖艺，他在报纸上登出广告，自称世界第一大力士，能够打遍中国无敌手。霍元甲见了广告，并听说俄国人当场信口雌黄，侮蔑中国人无能，极为气愤，当即邀怀庆会馆主人农劲荪和徒弟刘振声前往戏园。见到俄国大力士在台上吹嘘自己是“世界第一大力士”，“病夫之国”如有能者，可登台较量，霍元甲在台下哪里还坐得住，不顾众人劝阻，一个箭步，气宇轩昂地跳上戏台，开门见山地说：“我是‘东亚病夫’霍元甲，愿在这台上与你较量。”此时翻译将霍元甲生平来历告知俄国人。该俄国人闻知霍元甲威名，不敢怠慢，连忙将霍元甲让进后台，霍元甲当场斥责俄国人：“为何辱我中华？”并提出三个条件：一是重登广告，必须去掉俄国人是“世界第一”的说法；二是要俄国人公开承认侮辱中国的错误，当众赔罪谢过；否则就是第三个条件：我霍某要与你决一雌雄，并命其当机立断，色厉内荏的俄国力士哪敢出场比武，只好应了前两个条件，甘愿登报更正和公开承认藐视中国人的错误，从而灰溜溜地离开了天津。

宣统元年（1909年），英国大力士奥皮音在上海登广告，侮辱中国为“东亚病夫”。霍元甲应友人之邀前赴上海，约期比武。慑于霍元甲拳威，对方以万金作押要挟，元甲在友人支援下，答应愿出万金作押。对方一再拖延，元甲在报上刊登广告，文曰：“世讥我国为病夫国，我即病夫国中一病夫，愿与天下健者一试。”并声言“专收外国大力士，虽铜筋铁骨，无所惴焉”！霍公之声威使奥皮音未敢交手即破胆而逃，连公证人、操办者也逃之夭夭。

1910年6月1日，霍元甲在农劲荪等武术界同仁协助下，在上海创办了“中国精武体操会”（后改名精武体育会）。孙中山先生赞扬霍元甲“欲使国强，非人人习武不可”之信念和将霍家拳公之于世的高风亮节，亲笔写下了“尚武精神”四个大字，惠赠精武体育会。1910年9月，日本柔道会会长率十余名技击高手与霍元甲较艺，败在霍元甲的手下。日本人奉以酒筵，席间见霍呛咳，荐日医为治，霍公一生坦直，不想敌人奸诈，身中剧毒。于9月14日身亡，终年42岁。

霍元甲逝世后，当时精武会弟子和上海武术界的爱国人士为霍元甲举行了隆重的葬礼，敬献了“成仁取义”的挽联，安葬于上海北郊。转年，由弟子刘振声扶柩归里，迁葬于小南河村南。上海精武会由元甲之弟元卿、次子东阁任教。各地分会相继分起，十数年后，海内外精武分会达43处，会员逾40万之众。

1986天津市西青区人民政府整修了霍元甲故居，修建了霍元甲陵园，用以纪念这位名震中外的爱国武术家。1997再次修葺了霍元甲故居，扩建了霍元甲陵园，辟为“霍元甲故居纪念馆”，霍元甲故居纪念馆由霍元甲故居和霍元甲陵园两部分组成。故居建于清同治初年。1997年，在其原址翻盖成青砖瓦房的三合院。跨进小院门楼，是一镶有“福”字的影壁墙。影壁墙后面是一明四暗五间正房，小院左、右各有厢房一间，中间正房挂着霍元甲遗像，两侧是霍东阁在霍元甲遇害后所写的唁联“一生侠义，盖世英雄”。西屋霍元甲书房墙上高挂着孙中山为精武体育会的题词“尚武精神”。故居内陈列了一些霍元甲练武时所用的武器和精武会的会旗等文物，以及霍元甲生前用过的

器物。霍元甲陵园位于小南河村南，占地近一公顷，整体建筑采用轴线对称式布局。由神道、石狮、享殿、石牌坊、寝园组成。陵园还设有霍元甲生平事迹陈列馆，展览包括四部分：幽燕之初露锋芒；奋发智勇，誓雪国耻；创建精武，强国强种；爱国精神，发扬光大。霍元甲的棺木于1989年4月29日迁葬于此。霍元甲故居纪念馆从建成之日起已有数万的爱国人士前来参观瞻仰，重温霍元甲这位爱国英雄的传奇事迹和感人精神。如今，纪念馆已列为天津市重点文物保护单位和天津市青少年爱国主义教育基地。

（四）精彩套路齐亮相

1. 棍术

棍术是器械武术之一，用棍表演的武术套路的总称。“棍术”指使用棍的方法和技巧。握棍的方法称“把法”，常见的有阳把（手心向上握棍）、阴把（手心向下握棍）、阴阳把（两手心相对）、对把（虎口相对）、交叉把（左右手交叉）、滑把等。棍法有：打、揭、劈、盖、压、云、扫、穿、托、挑、撩、拨等。练习棍术要求手臂圆熟，梢把兼用，身棍合一，力透棍梢，表现勇猛、快速，“棍打一大片”的特点。棍术的套路有：自选棍术、猴棍、七星棍、五虎群羊棍、齐眉棍、大梢子棍等。对练有：对棍、棍进枪、棍进三节棍、三人对棍等。

2. 刀术

刀术是指刀的使用方法和技巧。明代戚继光《辛酉刀法》、何良臣《阵记》、程宗猷《单刀法选》以及茅元仪《武备志》中都记载了刀的用法和使用技巧。刀以劈砍为主，“刀之利，利在砍”，另外还有撩、刺、截、拦、崩、斩、抹、带、缠裹等刀法。刀术的特点是：勇猛快速、气势逼人、刚劲有力，如猛虎一般。刀，“其用法，唯以身法为要，远跳超距，眼快手捷”，并要求进退闪转和

纵跳翻腾都要刀随身换，身械协调一致。刀术的套路有：自选刀、八卦刀、龙行刀、大刀、朴刀、单刀、双刀、梅花刀、八极刀、六合刀、春秋刀、滚手刀等。

3. 剑术

《吴越春秋》卷 9 和《庄子·说剑篇》都记述了古代击剑的技术和战术。《汉书·艺文志》载有《剑道》38 篇，是论述汉以前击剑技术的专著。明代茅元仪《武备志》中记载了剑的用法有：跨左击、跨右击、翼左击、逆鳞刺、坦腹刺、双明刺、旋风格、御车格、风头洗等。清代又有宋仔凤《剑法真传》一书传世。中华人民共和国成立以后，剑术成了剑的演练套路的代称，被列为全国武术比赛项目。增加了各种花法、平衡、翻腾、造型等动作，使剑术有了很大发展。剑的击法有：劈、刺、点、撩、崩、截、抹、穿、挑、提、绞、扫等。剑术的特点是：轻快敏捷、潇洒、飘逸，有“剑走美式”“剑如飞凤”之说。剑术根据练法又分为行剑、势剑、双手剑、长穗剑、双剑、反手剑等。剑术套路繁多，常见的有：自选剑术、青萍剑、武当剑、三才剑、三合剑、云龙剑、八卦剑、太极剑、螳螂剑、通备剑、醉剑、宣化剑、七十三剑、龙形剑、奇门十三剑、白虹剑、纯阳剑、七星剑等。

4. 枪术

枪是武术常用器械之一，故人们称之为长兵之帅。枪术历史悠久，主要动作是拦、拿、扎。《隋书·经籍志》中所载《马槊谱》就是介绍枪术的专著，估计当时已有套路训练了。宋代枪术更加精进和普及，为人熟知的“杨家梨花枪”，就是南宋嘉定四年山东红袄军起义者杨妙真所创立的。戚继光《纪效新书》介绍此枪法说：“杨家之法，手执枪根，出枪甚长，且有虚实，有奇正；有虚虚实实，有奇奇正正；其进锐，其退速，其势险，其节短；不动如山，动如雷震，故曰二十年梨花枪无敌手。”明何良臣《陈记》、吴殳《手臂录》也对枪术作了系统的分析和总结，并对各家流派作了介绍。

六、备受青睐的文化瑰宝

（一）双子星座耀中华——武术与易经

在中华传统文化中，可以称为精华的很多，在我们博大精深的历史中，武术和《易经》同样精彩万分。中国武术与古典文学，是共生关系，同根同源，是中华传统文化的双璧，堪称双子星座，同样辉煌，同样灿烂。一般来说，人们很少把武术与古典文学拿到一块儿来谈论，尤其是在学术讨论会上；而我们也很少在各种出版物上，看到武术与古典文学两者相互渗透、相得益彰的探讨与论述。尤其在武术与古典文学联手合作，像是配合默契的两个铁匠一样，经过了数千年的锻炼、淬火，共同铸造了中国人的理想人格和完善的民族性格，这一点上，还没有人发现，至少是没有人明确地加以阐释。稍加留意，就会发现，中国武术的滥觞，正是中国古典文学的发轫；文事与武备至少在两三千年以前，就像是一对孪生兄弟携手而行；舞枪弄棒与吟诗作赋，很早就是被我们先民所看重的文化修养的两个方面。历史中，有无数的武术家本身就是文学家，而许许多多文学作品中也洋溢着武术的风采，这在世界文化史上尚无先例，可以说是中华民族独有的文化现象。

《易经》是诞生最早提及武术观念的。《易经》开篇就有一句鼎鼎有名的格言：“天行健，君子以自强不息。”翻译过来是，“天体的运行刚健不辍，君子也应自强不息。”这句话，就像是一位武术家对一位习武之人说的话。如果一个对中国武术情有独钟的外国人，问什么是中华武术的精神，我们完全可以告诉他《易经》里的这句话。“健”，是一个特别值得注意的字，它本身有两个意思：一个是“刚强”，另一个是“康强”，前者指性格和精神的坚强，后者指身

体和体质的健康，加上个“儿”字——健儿，就成了军卒、壮士和剑客，剑客就是武术家。古乐府中有“健儿须快马，快马须健儿”的诗句。《易经》中，明确地谈到武术的，有“君子以除戎器，戒不虞”之句，说的是“君子应整治兵器，以防不测”。这和现代人习武为健身、防身的观念非常一致。其中，“利武人之贞”中的“武人”则是武术家在古籍中的直接“亮相”。“刚健中正”说的是做人，也是练武。所谓“立天之道，曰阴与阳；立地之道，曰柔与刚；立人之道，曰仁与义”，以及对宇宙与人生规律的论述包括八卦概念的确立，都对后世的武术发展产生了巨大而深刻的影响。

（二）武术文化之核心——武德

在外国，中国的武术被称作“功夫”。长久以来，作为功夫的武术文化在很长一段时间里，成为了世界人民了解中国文化的一个窗口，有很多人因为爱上了功夫，最终爱上了中国。我们都知道，中国功夫并不是电影上华丽的拳脚与精彩的特技，也不是银幕上漫天飞舞的剑仙。真正的中国武术，是清晨老人们打的太极拳，行如流水，意似闲云；是剑舞，如游龙般潇洒自如；是刀术，如猛虎般威风八面。中国的武术，发于防身，立于健身，搏于赛场，习于日常，

载于武艺，归于武德。从来无需证明自己，只是通过刻苦的锻炼，去不断完善自己，以期成就那种接近自然的完美。拥有强大力量却不用来战胜别人，而只是以武会友，互通有无。从不炫耀武力，只是坚守着心中仁义礼智信勇的情操。中国的武者正是以一种独特的方式诠释着中国的文化，传承着中国人自强不息、厚德载物的精神。

早在春秋时期左丘明所著的《左传》中就有“武德有七”的论述。以后随着时代的发展，武德的含义也在不断地变化发展。过去，大多以“尊师重道，孝悌正义，扶危济贫，除暴安良”“虚心请教，助人为乐”“戒骄奢淫逸”等作为习武人坚守的信条。

武术的各拳种流派，也都有自己的“门规”“戒律”。种种约束意在习武之人不仅在功夫上高人一等，在品德上也令人尊重。在1987年的全国武术学术研讨会上将武德规范概括为“尚武崇德，修身养性”。继承传统武德中的精华，要把习武同发扬祖国灿烂文化、热爱祖国联系起来，培养强烈的民族自豪感，维护中华民族的尊严；有宽广的心胸，对人民要以礼待人，不恃武伤人，不以强凌弱；对危害祖国、人民利益的坏人坏事要敢说敢管，见义勇为，疾恶如仇，协助公安部门维护社会治安，维护国家和人民的利益；保持不盗名、不夺利、不保守、乐于助人的美德；尊老爱幼，尊师重道，对前人和长辈的著作和经验要虚心学习，认真钻研，努力学习技术，刻苦练功，磨炼出慈、勇、智、恒的坚强意志，培养良好的身体素质，文武双全，为社会作出最大的贡献。

在中国文化中，个人的品德修养历来被视为重中之重。作为中国人，个人修行的目标也是所谓的德才兼备，这是因为中国文化一直把儒学思想作为金科玉律，并在其各个方面体现得淋漓尽致。儒家人格论蕴涵的“仁爱”思想、经世传统、注重气节和献身精神以及“穷则独善其身，达则兼济天下”的文化心态，已经深深地积淀在整个中华民族的灵魂之中。传统武术在千百年的流传中，

虽然其本质上是技击甚至血腥，但在中国文化的熏陶中逐渐形成了独特的以重视伦理说教的文化思想。

几乎每一个武术流派都对自己的武德范畴作出了详尽的规划，注重习武者人生观和价值观的教育，使习武者形成宽仁守礼的心态，遵循“礼”的规范和儒家“仁”的道德标准来约束和限制自己的感情和行为，从而达到“威而不猛”“发于情，止乎礼”的境界。这种武德规范教化归根到底是体现了中国文化“和谐”“和为贵”的思想，除此之外，还强化了习武者胸怀社会、国家和民族的责任感和使命感，集中地体现了传统体育思想。文明其精神，野蛮其体魄，这是我们一直提倡的，始终被武林中所信奉。“行侠仗义”“崇德扬善”“事师如父”“谦逊柔和”等一直是武德范畴中的基本要素，能够终生恪守这些要素的习武者常常受到人们的尊敬和拥戴，而那些见利忘义之人历来为武林所不齿，甚至遭到惩罚。

“天行健，君子以自强不息；地势坤，君子以厚德载物。”这是对中华武术德行最好的描述，使中国文化有了持久而坚韧的生命力，也使得中国文化能在人类文化的演绎中兼收并蓄，不断吸收外来文化的精华，从而使中国文化具有了广博的蕴涵和丰富的积淀。作为受到中国文化浸染的传统武术，成为了中华民族一朵美丽的奇葩。

古代杂技

杂技艺术在中国已有2000多年的历史了。杂技在汉代被称为"百戏"，隋唐时叫作"散乐"。唐宋以后，为了区别于其他歌舞和杂剧，才称为杂技。在我国古代文献中，很早就有关于杂技的各种表演形式了，如角抵戏、掷投刀剑、走绳索、爬高竿等表演。隋炀帝时设立太常寺，专门教授杂技技艺。到了宋代，杂技表演已有40多个节目，那时，有人能表演挑一担水在绳索上行走的绝技。可见，当时的杂技艺术水平之高。

一、中国杂技的诞生

杂技艺术丰富多彩，如属于形体技巧运动的倒立；如衡量速度与平衡功夫的抛接、头顶；惊险万端的高空技术；变化莫测的幻术；举重、动物戏、技术舞、滑稽、口技等等，真可谓是五花八门。因而只能用一个“杂”字来概括它。

几千年来，杂技艺术深受劳动人民的喜爱，在我国文化发展史上闪烁着灿烂的光辉。杂技产生于劳动生活。许多劳动技能本身，熟练了就如同杂技一般。比如：原始的狩猎技术、射箭和打弹弓，在古代曾是风行一时的表演项目；爬竹竿，原本是一种劳动技巧，在公元前 2 世纪就正式形成了杂技节目。反过来看，如像隋代出现的双竿对跳的高难杂技动作，在今日的劳动生活中还留有它的痕迹。江西省培育毛竹的农民，不但能利索地爬上竹梢，还能从一根竹梢跳到另一根竹梢上。劳动技能和杂技之间的关系就是如此的密切。

杂技，起源于劳动生活是不错的。然而，要回答起源问题的具体情况却不是一件容易的事。我国学术界有很多对杂技如何起源的推测，例如杂技源于秦汉的百戏，百戏源于战国角抵，或者杂技源于巫觋，源于战争都是有理由的。如果把杂技或任何一种剧种的起源定之为一端，显然无法对起源问题作出比较全面的解释。因为中华文化历史悠久，加之地域广阔，民族众多，文化发展上下纵横，左牵右连，分合聚散的情形，无法分拆得开，上古的政治、军事、宗教、文化活动，原本是互相混杂的。因此，研究杂技起源，就必须考虑多种因素。其次原始的杂技不仅与庙堂乐舞、民间游戏、宗教仪式、军旅武技等混为一体，就杂技本身多样性而言，当时也处于既有仿模鸟兽动物的表演，又有训练鸟兽的表演，既体现高超武技，又装神弄鬼以求符合天意。其数百个项目互相交融混合。因此杂技的起源，必须采取综合研究的态度。

杂技孕育于中华原始文化，杂技的萌芽应早于一切表演艺术。杂技与歌舞、戏剧、曲艺等艺术，虽然有一个共生的过程，然而就其基本形态而言，它更接

近于生活、直接反映各种技能的艺术。古代杂技项目大概可分为七个方面：形体技艺、力技、投掷技、幻术、动物戏、乔装动物戏、滑稽。它还侧重于挖掘人本身肌体的潜力。原始的杂技并不只是表现技艺，表现情节内容也是最为主要的，它展现给人们的是原始的劳动技能，如渔猎、上树、爬崖、跳涧等都孕育着杂技的某项技巧在内。弓箭、舟车、兵器等劳动工具的使用，到了超凡的阶段，也可以说就是最原始的杂技。因此，从这个意义上说，从猿进化到人的那一天，从原始人制造工具的同时，就产生了杂技的萌芽，也依稀见到了杂技的身影，它的萌芽应该比舞蹈、绘画、诗歌更早。劳动创造了人类，同时也创造了杂技。

（一）狩猎生活与杂技的起源

人类的狩猎生活，伴随着人类的诞生而开始。太古时期的旧石器时代，原始人类的生存全靠采集与狩猎。狩猎时追逐野兽跋山涉水，纵跳腾挪，使棍投石，奋力拼搏，不但使人的大脑和肌体日趋健全，也使爬、越、翻滚、纵窜、承力等杂技技术得到发展。原始人中高明的猎手就成为最初掌握类似杂技技术的人。从现存的汉代石刻、壁画中，可以看到古人大规模围捕野兽的场面。在捕猎时往往有勇武的角抵场面，河南南阳一带出土的汉基画像石上，空手搏兽，以矛刺虎的形象特别生动。这类石刻，多用于刻画人类模仿狩猎生活的表演情形，是已经发展为杂技的斗兽节目和乔装动物戏节目。杂技除了调动人体内在的潜力之外，其最大的特点是要弄器物，要弄的前身自然是熟练地操纵工具和生活用具。原始的授猎工具，发展而成杂技的项目，到现在仍然有踪迹可见。比如杂技的“钢叉”“投枪”“五虎棍”，就是由人类使用石块和树枝、棍棒、叉、捶等工具演化而来的。杂技中弹、射、投、掷的技艺，是人类熟练操纵弓箭的结果。

（二）农牧劳动与杂技起源

原始人经过旧石器时代的狩猎和采集生活，终于在一万年前进入了新石器

时代，发明了农业种植和畜牧，进入了定居生活时期。距今约四至五千年前，而早于这时期的仰韶文化和大汶口文化都足以证明我国早已进入农业社会。由于农业劳动，人类定居下来，“舜作室筑墙茨屋，辟地树谷，令民皆知去岩穴，各有家室”。人们从岩洞中走出来，到沃土边去建造房屋，不再迁徙无常，生活来源有了基本保证，给表演艺术的出现创造了条件。首先是动物的饲养，对杂技来说意义尤为重大。从捕获到畜养，从驯养到用于娱乐，即是最初的马戏。

定居生活的形成也为游戏的开展奠定了基础。游戏往往带有即兴表演的因素，如果人们有意识地重复这些表演则成为最初的表演艺术。这种情形，也是有迹象可寻的，“昔葛天氏之乐，三人操牛尾，投足以歌八阕：一曰载民，二曰玄鸟，三曰遂草木，四曰奋五谷，五曰敬天常，六曰建帝功，七曰依地德，八曰总禽兽之极。”（《吕氏春秋·仲夏记·古乐》）这是目前我国文献中记载的最为古老的表演。这种表演反映了当时对于人丁兴旺，草木繁盛，五谷丰收，禽畜繁殖的向往，其表演形式为操牛尾。另据《路史》载：“（葛天氏）其及乐也，投足掺尾，叩角乱之，而歌八终，武噪从之，是谓《广乐》。”看来葛天氏的游戏表演中，人扮兽、驯牛和武技的迹象与杂技接近。

在田间劳作和畜牧生活产生的游艺活动中，最富杂技意味的是“击壤”，据传说是流行于帝舜时代的技艺性游戏。《释名》谓：“击壤，野老之戏，盖击块壤之具，因以为戏也。”《帝王世纪》载：“尧时有壤父五十人，击壤于康衔，或有观者曰：‘大哉尧之为君也。’壤父作色曰：‘吾日出而作，日入而息，凿井而饮，耕田而食，帝力于我何有哉’。”这种活动技艺性很强，据晋代周处著《风土记》载：“壤以木为之，前广后锐，长尺四寸，阔三寸，其形如履。将戏，先列一壤于地，遥于三四十步，以手中壤敲之，中者大吉。”这种较量投掷准确的活动，可以说是与射箭相类似的原始杂技。由此发展而形成飞标、投壶一类杂技节目，到了宋代时很流行。而它的游戏原形保持很久，如晋代将击壤称为“腊节僮少之戏”，至于清明前后打瓦块的游戏更是一直流行到现代。

（三）部落战争与杂技起源

人类历史的发展，常常伴随着战争。原始人除了与野兽斗争之外，还要与同类斗争，越是原始越是野蛮。在北京猿人遗址中，发现五十万年前人类的尸骨，四肢伤残、脑颅被击开的痕迹比比皆是，反映了原始人在解决饥饿、争夺配偶等方面的残酷斗争。

原始部落战争在我国历史传说中，最主要的有两次。一次是西北部的炎黄部落联盟与东南方以蚩尤为代表的东夷部落之间的斗争，另一次是炎黄部落之间的互相斗争。这两次大战役历时很久，促进了中华民族的融合，推动了社会进步。对杂技的起源来说其直接推动作用至少有两点：

战争促使兵器的进步和武技的发展。炎黄部落为了应付战争，抵御蚩尤的侵凌并最后胜利，必须大力发展军备，后人把造舟车、指南针、发明弓矢等功绩都归功于轩辕，这无疑包含有战争刺激了武技发展的意思在内。

杂技中耍弄兵器的项目相当多，如“飞叉”“舞剑”“举刀”“拉弓”“承枪”“剑器”等等，尤其是北魏时出现的杂技节目“五兵角抵”，可能是直接模仿蚩尤。前面说过，杂技的原始形态——角抵起源于狩猎生活，但是促使角抵活动登上舞台表演的却是出于人们对黄帝战蚩尤战争的追忆和纪念，所以角抵又称作“蚩尤戏”。

（四）原始宗教与杂技起源

杂技的技巧、素材，大量地产生于劳动生活，但从生活素材到表演艺术尚有一个发展过程；原始游戏的欢乐舞跃，还不属于艺术范畴，还必须有一个提炼的过程。也就是说，还需要有演出人员的再创造。这样，原始的宗教如敬天娱神的种种活动，就成了产生艺术的一个重要温床；从事宗教的巫、觋作为当时的知识阶层对原始艺术的形成起到了推进作用。

随着宗教活动的发展，形成了一种专门职掌宗教典礼、沟通天神和人的阶层，即巫觋阶层。神职人员，女称巫，男称觋，他们是原始社会的上层人物，又是介于神和人之间的信使，也是最初的表演艺术家。信阳楚墓出土的锦瑟上的巫人正在作射箭表演；西汉马王堆一号汉墓彩绘棺上的驱鬼图形，也是武技格斗的表演。屈原《楚辞》中“国殇”的描写，讴歌了巫男模拟战士卫国而激战的悲壮场面。可见，巫舞是杂技乐舞的混合艺术。巫觋活动中的杂技表演，在汉画中有生动体现。例如山东沂水县韩家曲出土的半月形画像石，外圈为拱龙吐水，两位巫女顶盆相接，内圈有羽人向凤凰献灵芝，其下是一组娱神的巫舞，其中包括柔术、倒立、跳丸、盘鼓等多项杂技表演。它为我们呈现出了杂技乐舞混为一体的巫舞实况。

二、杂技雏形的出现

杂技作为艺术节目虽然到秦代才系统地出现，但属于表演范畴的各种杂技雏形，在秦之前的春秋战国时期，就已经陆续具备了。以齐国的临淄为例，因为盐铁业繁荣和发达而率先成为富饶的地区，娱乐活动也就蓬勃发展兴起，《战国策·齐策》说："临淄甚富而实，其民无不吹竽、鼓瑟、击筑、弹琴、斗鸡、走狗、六博、蹴鞠者。"击筑、斗鸡、走狗等都属于杂技的雏形，"其民无不"说明这些项目已经在民间盛行。

另外，生产技术的进步也提供了器械和条件。比如近年来陆续出土的春秋时期的宝剑，证明了当时冶炼技术的高超和铸剑名家的存在。制弓技术也已经相当进步，齐国所制的强弓，用"太山之南，乌号之拓，榉牛之角，河鱼之胶"创造，对制弓的材料已经非常讲究。这些对杂技的发展，都提供了新的题材和器材。由于科学技术的长足进步，动物学的逐渐形成，尤其是对于马的繁殖、驯养技术的完善，对马戏的形成与发展奠定了基础。"司南"的出现表明战国时代已掌握了磁力的原理和技术，为利用磁力原理的幻术准备了条件。

（一）民间乐舞游戏的新兴

周平王迁都洛邑，王室衰弱，作为上层建筑的上古乐舞——雅乐，因失去生命力而衰亡，代之而起的是大量民间乐舞——"新乐"。新乐有强大的社会基础，其中技艺成分较强。当时山东的齐国已经成为百戏杂技兴起的中心，地方上的"州闾之会"，经常有投壶等杂技项目。

北边的赵燕一带，民间各种技艺和乐舞也相当发达。燕赵舞姬因为美貌技高因而非常出名。《史记·货殖列传》载："赵女郑姬，设形容，楔鸣琴，揄长袂，蹑利屣，目挑心招，出不远千里，不择老少者，奔富厚也。""揄长袂"是挥动长袖的表演。长袖之类的动作在周代的舞人玉雕中

多次出现，它也是后来杂技七盘舞上的动作，也是杂技百丈旗的前身。南方的楚国巫风非常兴盛。这里的巫风，已不只是祭祀活动，而是一种群众日常的娱乐活动。文学名篇《九歌》即是民间巫舞的歌词。

由于新乐来自民间，姿色媚人，丰富多彩，比死气沉沉的雅乐活泼清新得多。特别是其中包含有滑稽、猴戏或人装猴的表演等初步成形的杂技，是它取胜的重要原因。只不过那时杂技乐舞的分界还不是很清楚，混杂不清罢了。

（二）尚武精神的发扬

“国之大事，在祀与戎”（《左传》）。尤其是战争，对杂技形成的推动作用不可忽视。从春秋五霸至战国七雄，发动了数百场战争，反映了当时新旧制度更迭的种种社会矛盾。另一方面由于商周以来中原地区一直受西方、北方戎狄部落的侵扰威胁，诸侯各国又要抵御外侵战争。由于战争而扩充军备，促使尚武精神大为发扬，民间习武蔚然成风，为杂技的成熟创造了良好的基础。

“重赏之下，必有勇夫”。竞争使武艺向精度、难度和深度发展，而武技在承力、准确、灵巧等方面与杂技相通。正如吴起论兵时说：“一军之中，必有虎贲之士，力轻扛鼎，足轻戎马，必有能者。若此三等，选而别之，爱而贵之。”这里所说的扛鼎、跳马，在后代都成为了杂技节目，而在当时却是选拔勇士的重要标准。兵书《六韬》中对御车武士的要求是“走能逐奔马及驰而乘之，前后左右上下周旋——射前后左右皆便习者”。说的就是马戏“八步赶骖”、力技“开距弓”的动作，杂技的一部分正是这样从武技中演变出来的。

在这种形势下民间的练武活动，包括与杂技有关的摔跤、跳投、马术、武术等蓬勃开展。以上种种活动，对杂技进化过程来说，无疑起了推动作用。

（三）春秋战国时期是杂技的雏形期

春秋战国时期，上有各国乐舞活动的开展，下有民间活泼而淳朴的民间游

乐，加上大批专业人才的涌现，演员队伍的形成，促使各项技艺向艺术表演的方向发展，也促使一些技艺从乐舞中分化出来。杂技的七大门类：力技、形体技巧、耍弄技巧、高空技艺、幻术、马戏和滑稽的雏形在春秋战国时期都已出现。

力技表现为角力和举鼎：角力最先出现于《公羊传·庄公十二年》。《新序·义勇篇》云："宋闵公臣长万以勇力闻，怒博闵公，颊齿落于口，绝吭而死。"

扛鼎在秦国时就已经属于游戏范围，当时秦武王有力，好戏力士任鄙，乌获、孟说皆至大官，"王与孟说举鼎，绝膑"（《史记·秦本纪》）。秦汉之际出现的杂技"乌获扛鼎"就是由此发展而来的。

投掷类，除射箭已出现于宴饮活动外，由射箭游戏演化而来的"投壶"，也是一个地道的杂技节目。当时，礼仪中多有这类带娱乐性的活动。

高空杂技的雏形是"爬布"和"侏儒扶卢"二项。杂技形体动作已有翻跟斗的原型。

耍弄类技巧关于兵器枪、棍、剑戟，属于武技，纯属杂技的项目是"弄丸"和"跳剑"。《庄子·徐无鬼篇》："市南宜僚弄丸而两家之难介。"郭象注释说："市商宜僚，善弄九铃，常八个在空中，一个在手，楚与宋战，宜燎披胸受刃，于军前弄九铃，一军停战遂胜之。"这是关于手技抛球的最早记载。

除耍弄之外，另一大类是马戏。马戏一词出现在汉代，这里说的是马戏的雏形。首先是对养马技术的重视。周代有两个人，他们为王室养马，负责配种、善育、治蹄、保养，因为负责王室马匹的管理工作而率先掌握了"辨六马之属"的知识。王室的专职驯马师称为"趣马"，训练马的行走、停止、前进、后退、小跑、大跑等六个基本动作。当时驯马专业人员已涌现出伯乐、九方皋那样的相马专家，王室的马已驯养到能听懂不同的乐曲、跑不同速度的程度。这种情况下，用马来娱乐的条件已经具备。

力技、手技、驯兽，是春秋战国时期已接近成熟的技艺。除此之外，还有乔装动物，例如方士驱傩和类似假面戏的魅头。云南晋宁出土的塑有弄蛇图案的战国铜牌中，两个人也似乎是头戴面具的。

关于脚踏的技艺，除《列子》所载"兰子踩高跷"外，还有"踩大火球"。口技、

幻术和拖勾（技艺性的拔河），也已经出现雏形。

（四）角抵戏的出现

公元前 221 年，秦始皇统一中国，创建郡县制，贯彻中央集权，将文字、度量、服饰、车轨等进行统一；战国时期，除秦以外的其他六国的角抵也得到了空前的发展，角抵戏正式登上舞台。

秦代，技艺统一集中的良好条件已经具备，秦二世胡亥沉于淫乐。为了满足享乐需要，早在公元前 207 年，就在宫廷中把当时全国的杂技、歌舞、滑稽剧汇集起来表演。《史记·李斯列传》记载李斯求见二世，其情况是：“二世在甘泉，方作角抵俳优之观。”这段文字记载虽然过于简单，但是它的意义却十分重大：

1. 它标志着杂技已成为表演艺术。虽然从上古到战国，杂技已经有了表演，但系统化的、完整的、艺术性更强的表演，却出现于秦朝。

2. 角抵和俳优包括了宫廷的一切表演艺术，而且角抵在前，可见是以杂技为主。

3. 汉、晋、隋、唐、宋各朝都有杂技盛会的习俗，这种习俗正是沿着秦所开创的风气举行的，这种盛会，对杂技的提高发展，起到了巨大的推动作用。

4. 当时所聚集的节目已经具有相当的规模，因为只有节目众多，才足以使秦二世沉迷其间，迷不知返，只有赏心悦目的表演才足以吸引秦二世忘乎所以，不思朝政。

三、汉代百戏

（一）汉代百戏的形成

秦代经历了二世而灭亡，刘邦于公元前 206 年建立了汉王朝，经高、惠、文、景四帝，到汉武帝刘彻（公元前 140 年—公元前 87 年）在位时，出现了经济繁荣、国力强盛，人民生活安定的局面。加上汉帝国与西域各国的友好关系，促进了中外文化交流，杂技乐舞等表演艺术也得到了很大的发展，形成了活跃在朝野的绚丽多彩的“百戏”。

然而促成汉代百戏杂技兴盛的最根本、最直接的原因是出于汉帝国政治上的需要。是统治者把百戏推上了外交舞台，使它成为汉代特兴的艺术。

以杂技宴宾待客远在周朝就有记载。而汉初有远见卓识的贾谊，看到了杂技这项既能表现民族勇武，又不需要语言介绍就能理解的视觉艺术很适用于外事活动，便向汉文帝建议，在内修军事增强国力的同时，大力发展“大角抵”。贾谊《新书·匈奴篇》云：“上即飨胡也，大角抵也。但乐吹箫、鼓鞈、倒挈（即倒立）、面者（即带假面具者）更进，舞者蹈者时作……”由于西汉初年匈奴强盛，和亲没能实现和平。但贾谊的见解是正确的，它为以后杂技用于外交活动开辟了思路。汉武帝为了显示汉帝国的富庶广大，于元封三年（公元前 108 年）的春天，在京都长安安排了“酒池肉林”的盛大宴会，并举行了声势浩大的“大角抵”来招待外国使臣。元封三年演出的规模空前“（元封）三年春，作角抵戏，三百里内皆观”（《后汉书·武帝本纪》）。这里所记载的仅是角抵戏中各具代表性的几大类别，并不包括所有角抵项目。“巴俞”，指技术舞之类的节目；“都卢”也就是顶竿，这里泛指高空节目；“海中”“砀极”不详，据推测应为彩扎的布景戏；“曼衍”和“鱼龙”为当场能变化的彩扎，属于幻术，是“角抵奇戏”中的“奇戏”部分。

这些内容统称“角抵之戏”。颜师古注《史记》引用文颖的解释认为“角抵”就是杂技，巴俞戏，“鱼龙曼衍之属也”。由此可知“角抵”即杂技，至少也是以杂技为主的。

汉武之后角抵逐渐发展成为“百戏”，其原因有两个：首先，角抵已成为朝典中必备的项目。《续后汉书·礼仪志》中引蔡质《汉仪》记载，汉代正月初一必演鱼龙曼衍、走绳、藏人幻术等节目，以庆贺新年。其次是外国使节的来临，多有杂技幻术家在内，如公元 120 年，缅甸王调派来汉朝贺的使团，就是由杂技幻术家组成的。由于外交的需要，汉帝国把本土杂技作为“九宾彻乐”加以发展，使角抵节目更加丰富。

（二）汉代百戏演出的形式

广场杂技是汉代以来延续两千多年的主要表演形式。从汉代石刻来看，百戏在室内演出的不多，绝大多数在室外进行，这是因为古代“以巨为观”，角抵百戏规模巨大，人数众多，还有驰马、高竿等节目，因而只能在广场表演。此外，在举行郊祭、郊宴、射猎等娱乐活动时，也经常有百戏节目的表演，这些自然都是露天举行的。汉代在广场演出杂技，观众一般站在高台上、布帐厅堂里，演出者在堂前广场之间作艺，因而形成杂技广场表演的传统习惯。《汉书·西域传下》记载了元封三年“大角抵”的场面：“广开上林，穿昆明池，营千门万户之宫，立神明通天之台，兴造甲乙之帐，落以随珠和璧”。可以想象看台的豪华情景。

由于民间宴乐的盛行，因而也就出现了巡回作艺的流浪艺人，曲阜县旧县城发掘的汉画像石有一幅楼阁连苑的大户，院里人们围观一个反弓下腰的伎人的演出。《三国志·魏志·甄后传》中说甄氏八岁时“外有立骑马戏者，家人诸姊皆上阁视之，后独不行”。这都证实了当时的确有流浪艺人作艺。宴乐表演促使杂技向小型化、多样化发展，它与宫廷大型表演相互补充，使中国杂技变得多姿多彩。

（三）汉代杂技的成就

汉代属于杂技的形成和成长期。汉代杂技的主要成就表现在杂技系统的基本建立上，还有艺人队伍的形成和表演艺术的初具规模。

杂技系统的建立，必须拥有大批从事杂技的艺人。汉武帝能召集那么多人组成大角抵，惹得三百里内的人都来观看，这说明百戏艺人队伍的强大，出类拔萃的艺人相当多。如武帝时期的李夫人，成帝时期的赵飞燕，都出自倡家。艺人出身的赵飞燕能作掌上舞，可能是百戏中人耍人的尖子演员，再如汉文帝时的卫绾，以善于戏车的技艺当了一名郎官，作为帝王的侍从人员。可以说艺人来自民间，他们在宫廷集中时，得到切磋技艺、提高水平的机会，他们忠于艺术、辛勤劳动，使汉代的角抵戏迅速充实了内容，增加了品种，拔高了难度，一种以杂技技艺为中心汇集各种表演艺术于一堂的新品种——“百戏”体系，终于在东汉时定型。

从角抵到百戏，不但确立了各种门类的基本形态，而且还提炼出了惊人的技巧，这一体系可以分为；

1. 力技

狭义的角抵是指角力、争交、相扑之类节目，在汉代百戏中占据着主要的地位。河南、四川、山东等地出土的汉画中，常常可以看到人与人、人与兽、兽与兽之间角抵的形象。仅河南南阳一处出土的汉墓画像石中，就有二十多处，包括象人斗牛、象人斗虎、象人斗犀等等。象人很可能是汉代专业的斗兽士，他们腰圆体壮，斗兽时头上常常戴着威武的面具和头套，有时手中还持有利剑或长矛，既善于激发野兽的凶猛，又能使野兽望而生畏，以达到制服野兽的目的。除了人与兽的角抵之外，还发现不少牛虎角抵，牛虎熊角抵等野兽画面。在河南密县打虎亭汉墓中还发现壮士相角抵的壁画。两个青年，赤膊光腿，头束朝天，武勇异常，这些画像往往是和表演其他百戏节目相联系的，可见汉代角抵仍是百戏杂技中的活跃节目。

除角抵外，力技的另一种重要项目便是举重表演。《西京赋》里有“乌获扛

鼎”的传说。乌获本来是秦国有名的大力士，张衡笔下的乌获显然已经不是他本人，而是泛指扛鼎一类的力技表演者了。南阳棒子台屯古墓壁画《丰收饮宴》百戏图中，有一位穿戴黑帻襦衣的男演员正把一个带有横杆的车轮抛向空中。他左足微蹲，头向上仰，望着上空刚扔起的车辙表现出稳健有力的神态，山东嘉祥武氏祠、徐州铜山洪楼画像石中，还有搏虎、拔树、曳兽、举臼等承力举重比赛的画像。此外，在戴竿等节目中，还出现了同一长竿上同时有三人至八人表演，其负重的力量令人惊异。可见汉代在力技上是很有成绩的。

2. 形体技巧

形体技巧，即下腰、倒立、踢腿、跟斗等基本功，这四项功夫在汉代时已经具有雏形。杂技的基本功中，最主要的是身体的平衡技巧。“鼎技”即一般所谓的“拿大顶”，是足部朝天，手臂（有时用头）在下，支撑全身的重量，呈倒立平衡状，这一节目汉代时称为“倒植”。倒植的式样，在汉代文物及画像刻石中有多种多样的姿势，且各不相同。如：山东南武阳东厥画像石的表演，技者两手指地，头部吊起，两足一向前屈，一向后伸，在调节平衡。从手足的姿势来看，可能是倒立表演进程中的动作，画像是从侧面描画的。河南南阳汉墓画像石也有倒立形象。但只是一只手臂撑地，身体倾斜着调节重心，看来是单手撑地的表演。最近南阳地区又发现顶碗单手倒立，这些都是倒立技巧中的高难度技巧。它们多次出现在汉画中，说明汉代的倒立技巧已经相当精深。也为中国倒立技巧至今仍走在世界前列打下了基础。

3. 高空节目

汉代杂技对高空节目也是比较重视的。如橦技、戏车和走绳等，常出现于文图记载。汉代缘杆戏的形式，综合文献和文物考证，一共有两种类型。一是在平地上表演的，二是在车上表演的。

平地表演的形式，在汉孝堂山石刻第七石上可以看见。图中演出者共四人：一人跪着，用手紧握直立木竿的下端，竿顶上有横木，呈 T 字形；在横木的上方，演员两手撑持着做倒立表演，横木下有两位演员在左右两边表演；一位单手抓住横木，把身体悬在空中，一位双足钩挂在横木上，倒挂着身躯。

走绳是高空节目中的又一个项目。李尤称为“凌高履索”。这个节目在汉代已经相当流行。蔡质《汉宫典职》中记载走绳项目的情况是：“以两大絛绳，系两柱间，相距数丈，两倡女对舞，行于绳上，对面道逢，切肩不倾。”这可能是比较原始的一种形式。不过走绳一般都用一根大绳。《西京赋》中，也有“走索上而相逢”的词句。《平乐观赋》上则记载有更复杂的动作“踊跃旋舞”。即除了行走之外，还能在绳上跳跃，甚至在绳上旋转舞蹈。

近年河南新野县发掘出土的汉墓画像砖中，把高竿、走索、戏车、马术集于一堂，显示出汉代高空节目已有了相当复杂的结构和高超的技巧。

4. 耍弄技术

除力技、腰腿、高空、形体这些基本的节目之外，汉代出现一系列的手技节目，这是百戏花圃中艳丽的新技。前述的一些节目是由本身的力量、柔软和敏捷构成，而手技却截然不同，它是掌握物体时空运动规律的一种技巧。在这些节目中，出现得最多的是“弄丸’，有时加上“跳剑”的表演。

“弄丸”，汉代亦称“跳丸”“飞丸”，是一种玩弄球弹的游戏。张衡的《西京赋》里曾有“跳丸剑之挥霍”，来描绘这一节目的生动形象；李尤《平乐观赋》中也列举了“飞丸跳剑”这个节目。说明它是以迅速抛接为内容的一类节目。汉画中抛丸球的节目到处都有表演，只要有杂技宴乐画像的地方，几乎都有跳丸的演出。其抛掷一般分横抛、直抛两种。在山东两城山画像石上，中间一层有一人在弄丸，抛掷的姿势是屈身横掷的；另外如肥城孝堂山郭巨室画像石的弄丸则系向上直抛的，球弹的远动作双行式，这种形式在辽宁辽阳汉墓壁画中，河南新野县画像砖上，也可以见到。至于跳丸的数量，已达到六七枚。

“跳剑”虽然也类似“弄丸”等抛扔游戏，但却困难多了。弄丸只要能接住就行，接触到球弹的任何一面都行，而跳剑则必须操纵剑在空中的运动方向，以使剑柄恰好被接住。汉画中“跳剑”的场面，就没有弄丸普遍，而且剑数也较少。“跳剑”见于汉画的有四川德阳县画像砖、四川郭县石棺画像。沂南百戏图上，左上角是跳剑表演：一位老年艺人裸露上身，双腿微蹲，双手作抛接状，三剑在空中，一剑在手；身边还有五只带斑点的小球，那可能是他刚抛弄过的丸铃。这种凿有小孔的球弹在抛接中，由于

气流震动，会发出悦耳的声音，因此称为丸铃。

关于耍弄类杂技，有鞭击、投壶、顶球等多种，成为手技杂耍一类的项目，这是汉代杂技最普及的一类，也是最丰富多彩的一类。

5. 幻术

汉代的幻术，是中土与西域两大系统融合的基础上出现的。中国本土的幻术多以巨大的道具、众多的人员集体表演为主。如“蹈局出身，藏形于斗中”。大概就是一位腰姿柔软的伎人，缩身于斗中的幻术，也就是《盐铁论》中所谓的“追人”之类的表演。西域传来的吞刀、吐火、种瓜、肢解、自缚自解等新幻术，很快被汉代杂技幻术艺人所吸收，这些节目在我国长期流传，直到现代还有踪迹可寻。它们虽然来自西域，但经过我国幻术师的不断加工和提炼，融入了中国艺人的智慧，如今已成为典型的中国幻术而闻名于世界。

6. 马戏和动物戏

马戏这一专用名词最早出现于桓宽的《盐铁论·敬不足篇》。“马戏”，以现代广义的解释，多包括驯兽、杂技幻术、滑稽等全部杂技品种。而我们一般所称的马戏仅包括驯马，使马作出种种表演；人在马上作技艺表演；以及众多的演员和马匹、装饰道具配合的集体表演等三个方面。除此之外，还有驯鸡、舞鹤、弄雀等。尤其是德阳黄浒镇蒋家坪出土的半块砖上刻着鹦鹉立在架上，鸡、鸭、鹅的头朝同一方向，表示已有调驯的规律方法了。

7. 彩扎戏

彩扎戏在汉代也是杂技中的重要类别，有人乔装动物，还有人造鳌山等。

8. 技术舞

汉代的技术舞有“巴俞”“七盘”等，这些是杂技与舞蹈的混合体。

9. 滑稽

滑稽是原始的戏剧和歌唱等艺术形式的混合物。

综上所述，可以看出汉代百戏之中，杂技各门类已经组成系统，拥有较多节目，不但有形体运动、四肢耍弄、高空承力、智力幻术、动物调教、滑稽穿插等形式，而且构成杂技的力量、准确、灵巧的三要素已经成熟。

四、魏晋六朝杂技的成就与特点

魏晋南北朝是宫廷杂技向极盛的隋唐时代过渡的重要时期，尤其是北方少数民族入主中原和江南的进一步开发，西域移民及乐舞的普及，给杂技百戏注入了新的血液，为隋唐杂技的发展创造了条件。魏晋南北朝杂技的成就及特点，可以归纳为两点：

（一）频繁交流，兼收并蓄

无论南朝与北朝，都是以汉晋以来中原杂技传统节目为基础的。这一时期吸收了北方游牧民族的“猿骑”“五兵角抵”和大批的“畏兽”“高空”等节目，而南方则以“灯火”“彩扎”“布景变化”为补充。加之西域乐舞、杂技幻术的引进，从而使技艺更加充实。

（二）南北流派分野的迹象

魏晋南北朝的技艺由于地域阻隔和环境不同，形成了南北各自不同的表演风格和节目重点。

南方是汉族政权，思想上崇尚儒学，转而崇尚庄老，社会习尚趋向于文弱。因此南朝虽有雄猛的“白虎桩”等北朝传来的节目，但其主流却是纤细、柔美的节目。如刘宋、萧齐时代的主要节目“凤凰衔书”一片升平歌舞，极其华丽。萧梁时代的“登莲上云乐”即“文康胡舞”，演员的化妆、台词、歌舞及变化都细致入微，即使北方传来的“辟邪”(狮子舞)，在“文康”中表演时也改变了它雄健激烈的特点。

北方则不然。北方的君主们带有游牧民族的粗犷强悍气息，如尔朱荣时期，朝野上下喜欢跑马射箭，高兴时“辄自起舞，叫将相卿士悉旨盘旋，乃至妓主妇人，亦不免随之举袂。及酒酣耳热，必自医坐唱虏歌”。（《北史卷四十八》）这种情况下，粗放的畏兽节目和杀马、剥驴之类惊险的杂技得到了大力发展，加上国外不断传来的苦刑术等杂技节目，形成了与南方纤细、空灵不同的具有威武、雄健特点的北方风格。

五、隋朝的宫廷杂技全盛时期

兼收并蓄的南北朝时期，杂技艺术日趋丰富，品类繁多，民间基础强大，宫廷表演渐趋成熟。581年，隋文帝杨坚结束了四百多年的分裂，统一了中国，为宫廷杂技全盛时代的到来作了充分的准备。统一之初，隋文帝提倡节俭，曾经遣散伎乐，禁止角抵。605年，隋炀帝杨广登位后，改变了他父亲勤俭的作风，专门以贪暴享乐为主。他“总追四方散乐，大集东都”（《隋书·音乐志》）。这里说的乐工不单指音乐，其中半数以上是百戏艺人。将南朝技艺专业人员迁徙到洛阳，授以六品官职。大业二年至大业六年的几次大演出中，乐工多达一万八千人至三万人。大业三年六月，炀帝北巡榆林会见启民可汗，在行宫大设百戏；七月，启民可汗来洛阳，“帝于城东御大帐，备仪卫，宴启民及其部落作散乐，诸胡骇悦”。尤其是大业六年（610年），启民又一次入朝洛阳：大列炬火，光烛天地，百戏之盛，振古无比，自是每年以为常焉（《隋书·音乐志》）。

这些倾国力于一时的大演出，标志了宫廷杂技极盛时代的到来。反映出隋代宫廷百戏的几个特点。

（一）丰厚

为了显示隋朝的富足，杨广倾全力待客。日本遣隋使臣在洛阳所见的盛况是：夜深时街衢依然热闹。大剧场和有印度象的杂技团等处人山人海，外国使者所到之处，饮食免费，据称隋是世界第一的物资丰富国家，故不收费。街上树木，全部裹以丝绸（据日本中村新太郎《日本同中国的二千年》）。

（二）技艺突破

传统的幻术“鱼龙曼延”已发展到“激水满衢”的宏大场面，出现大鲸鱼和各

种“水人虫鱼，遍复于地”，名曰“黄龙变”。尤为突出的是口技，这时称为“戴竿”，“并二人戴竿，其上有舞，忽然腾透而换易之。（《隋书·音乐志下》）双竿上的演员对跳互换位置，这一惊险的动作是在头顶悬空的情况下进行的！

再如百戏中的“水饰”，即利用水力发动的机关木偶，有神龟负八卦出河授伏羲，黄龙负图等七十二种表演方法。隋代技艺的发展，正是隋代经常“于天津街盛陈百戏，自海内几有奇技，无不总萃”（《隋书·音乐志》）的结果，其中必然会带来技艺的提高和发展。

（三）装备豪侈，加工细腻

元宵节时，帝王提倡所有的人都穿锦绣花衣，不但是演员、乐工，也包括观众。“蛮夷朝贡者多，帝令部下大观征四方奇技异艺，陈于端门街，衣锦绮、铒金翠者，以十数万”（《隋书·裴矩传》）。单有演出人员是不会有十数万之多的，显然也包括观众。由于彩衣十分讲究衣料，竟使“两京绘锦为之中虚”。当然，百戏的装备，也因之而大步前进。

（四）与乐舞紧密结合

隋朝时的百戏，时常与雅乐同时演出。据《隋书·裴矩传》记，大业五年六月：“上御观风行殿，盛陈文物，奏九部乐，设鱼龙曼廷。宴高昌王吐屯设于殿上，以宠异之。”九部乐与百戏同时演出。不但九部乐中的“龟兹乐”“西凉乐”中有“狮子”，“清商乐”中有“折腰”，“康国乐”中有“胡旋”，“安国乐”“城舞”，有“额面戏”等，都与杂技有关外，而且隋代还由音乐家郑译、白明达等为杂技节目配上了专用的音乐曲调，如《藏钩乐》《投壶乐》《泛龙舟》《斗鸡子》等，即是配合此类技艺的专用曲调。

六、盛唐杂技的特色

盛唐散乐百戏，以其盛大的规模，丰富多彩的节目，高超的技艺和出色的艺人，雄立于一时，标志着宫廷杂技的极盛。

（一）盛大规模的演出

据《明皇杂录》和《陈旸乐书》等记载，唐玄宗曾在洛阳天津桥畔五凤楼前举行过为期三天的“大酺”，《教坊记》有云：“玄宗时，于天津桥南，设帐殿，酺三日。”洛阳大酺，还带有一种检阅关中百戏的意义。据《明皇杂录》载：玄宗在京都大酺于五凤楼下，命三百里县令、刺史，率其声乐来赴阙看，或请令较其胜负而赏罚焉。这种场合是各州县艺人大显身手的机会，各地方官也都借此来表现自己的能力，认真准备，积极参加。

长安的大型演出在兴庆宫西南的勤政楼、花萼楼间举行。“勤政”与“花萼”为同一座高台建筑的两面的异名，一面面对宫内，一面临街心广场，举行内外有别的大型宴会，统治者均可登临高台观览，此处还有马戏台，是观赏马戏的场所。内容包括了所有的杂技，即使像《破阵乐》《太平乐》，也以杂技为多。而且，最后压轴的驯象及犀牛，它跳跃跪拜，真正是马戏中的壮举。诗人有诗追记当时热闹的情景：“弄象驯犀角抵豪，星丸霜剑出花高，六宫争近乘舆望，珠翠三千拥茄赭袍。”

千秋节是唐帝国最为盛大的庆视会，陈鸿祖之《东城父志传》说，当时“赐天下牛酒，乐三日，命之曰‘酺’，以为常也，大合乐于宫中，……万乐具举，六宫毕从。”当时，京城开放了所有坊市，加强了宿卫管理，可见举国同欢的场面。勤政楼的各种演出，全部由太常、教坊、梨园艺人担任。《新唐书·礼乐志》说当时“凡乐人，音声人，太常

杂户子弟等总号‘音市人’至数万人”。据《新唐书·李峤传》说，“太常乐户已多，复访求散乐，独持大鼓者已二万员”。总之每次演出人员多至数万，比隋代规模更大，而且观众数量，更是庞大。

（二）节目空前丰富

盛唐的杂技节目，已多达一百余个，一些主要的门类如“竿木”“丸剑”“马戏”“幻术”“木偶”等均各自形成独立的完整系统。

1.“叠置伎”及其他

基础杂技“形体动态”节目取得长足的进步。唐代流行的形体种类杂技节目包括：“倒立”，如“婆罗门伎”中双手指地倒行，双足凌空代手舞蹈，并在刀丛剑树之中行走等惊险场面，是前所未见的。

“跟斗”，在《乐府杂录》中称“筋斗”，洛阳大酺时，竿头小儿作取斗表演，《教坊记》中诸散乐家谓“筋斗裴承恩妹大娘善歌”，教纺中似有专科练习。

形体基础功夫发展的突出成就，主要表现为“叠置伎”的出现。“叠置伎”，即今天的“叠罗汉”，俗称“码活”。现存于日本的唐代漆绘弹弓和《古乐图》均有“三童重立”“四人重立”等形象。“叠置”是唐代杂技崛起时的代表作之一。属于形体运动项目的还有柔术“脱臼”“万能脚”等技艺。

2. 长竿妙如神

唐代高空技艺表现为“戴竿”和“高绳”两大系统。南北朝大为兴盛的“橦技”，在唐朝翻出了新的花样，占据了唐代时百戏的首位。

“戴竿”的花样更多。如王大娘的竿上载十八人歌舞，德宗时三原人王大娘竿载十八人而行，石火胡的竿上五人在舞蹈；洛阳大酺时，教坊小儿在竿头翻跟斗等等，都是前所未见的新节目。“戴竿”出现在唐代的记录，如《长竿赋》《勤政楼花竿赋》，柳曾的《险竿行》，梁涉的《长竿赋》，王建的《寻橦歌》，张楚金的《透橦童儿赋》等等，都有精彩的描述。

3.“走绳”

也是唐代百戏的重要项目，其热烈的场景，如刘言史的《观绳伎》诗所说：

“泰陵遗乐何最珍，彩绳冉冉天仙人，广场寒食风日好，百夫伐鼓锦臂新。”表演时有上百人的大乐队。其布置，如张楚金《楼下观绳伎赋》说：“其彩练也，横绳百尺，高悬数丈，下曲如钩，中平似掌。”高度已升到几丈以上了。唐人诗赋中还提及“寄两木以更摄”，有伎人于绳上踩高跷“应鼓或跃，投绳或翔”，指绳上的纵跳跃踏，是今天的“蹦绳”；“两边圆剑渐相迎，侧身交步何轻盈”，指两位艺人在绳上舞剑，并在绳上对换位置。这足以证明唐代时“走绳”技艺已自成系统。

4. 星丸箱剑出花高

技巧耍弄类杂技包括抛、顶、弄、射、投、转等，首先是“弄丸”“跳剑”。现存日本正仓院的唐代漆弓背上绘有弄丸动作，《古乐图》亦有两幅“弄玉”图：一幅画着一人短衣赤足，仰面向天，手中抛掷着一些短小的尖状物体，两手中各抛三枚，正中另有四枚，这和古今弄丸抛球的形式和技艺招数都有所不同。另一幅标题是《神娃登绳弄玉》，画的是两位女艺人在走绳时表演弄丸。此外《古乐图》中还有一幅“跳剑”，是一位老人抛弄七把短剑。

抛掷技艺，尤其是将军裴旻的剑技最神奇。他能掷剑入云，高达数十丈，从空中坠下的时候，好像一道电光下射，恰巧插入掷出的鞘中。善舞流星的公孙大娘也会裴将军的剑技。这一招在现代戏曲中称为“宝剑三出鞘”。此外由丸、剑还发展出“跳铃”及与音乐结合的手技“三杖鼓”等。

“顶碗”，先在教坊音乐演奏人员中练习。唐代演奏羯鼓，需要先练头颈正直不动的功夫，具有一定水平的艺人，就能在头上放置物件，表演时物件不会落地。据《羯鼓录》载：“汝南王琎，宁王子也……尝戴砑绢帽打曲。上自摘红槿花一朵，置于帽上笪，当是檐宇处。二物皆极滑，久之方安，遂奏《舞山香》一曲，而花不坠落。”这种功夫，以吕元真所记最为著名。据《类说》所辑唐《教坊记》专条说：“吕元真打鼓，头上置水碗，曲终而水不倾动，众推其能定头项……”这类技艺是后世顶水杯、顶宝塔、顶碗等的早先表演形式。

5. “斗鸡初赐锦，舞马解登床”

唐代是马戏、动物戏最发达兴盛的时期。太宗、玄宗、诸王乃至杨贵妃都

喜好骑马、骑射。马球是唐代极为流行的一个游戏，举国上下，终唐之世，乐此不倦。上有所好，刺激了马术的发展，技术日见精致。

唐代的驯马，主要是“舞马”。常有百马以整齐的步伐做着踏鼓点、旋转、后脚人立等复杂动作。“舞马”的高潮是“舞马登床”，其形式有两种，一种是把画榻三层相叠，骑师乘骏马跳上最高层，在狭小的高处表演骑技，另一种更为奇谲，骑士连人带马登上画床之后，下由力士将床连人带马一齐举起。“驯象”“驯犀”都是盛唐时代的珍稀节目。西藏桑耶寺唐代壁画上描绘的驯象图，有力士与象角力，使象假作摔倒；还有令象以前足和鼻子为支点后脚凌空，作倒立动作。

以驯养小动物方面，斗鸡的风气遍及朝野，也作为百戏演出。刘宾客《实话录》提到“刺猬打令”《朝野佥载》所述“犬解人语”，《信西古乐图》的“猿通金抡”，《碧鸡漫志》所记“鸟歌万岁”等新节目也很多。

唐代出现了一种崭新的动物戏路子——昆虫的训练。当时，养蟋蟀的风气盛行，据五代王仁裕《开元天宝遗事》说：“每至秋时，宫中妃嫔辈竟以小金笼捉蟋蟀闭于笼中，置之枕函畔，夜听其声。庶民之家皆效之。”驯昆虫的表演，有韩志和的“驯蝇虎子舞凉州”最为奇绝。蝇虎子是一种蜘蛛类的小虫，一名蝇狐，当时已能训练到听乐就动，为宋代“虫蚁戏”的大盛打下良好基础。

6. 幻术节目大增

多数记载认为唐代的幻术是在民间表演的，继承了传统的节目，仍然是“鱼龙曼延”和“吞刀”“吐火”。张楚金在《透橦童儿赋》中赞扬小儿竿技而贬低其余百戏时，侧面写出当时有“鱼龙”表演：“于是时也，解雀散乌，逃龙走鱼，跳剑臂折，一场之内，独雄雄如……”可见唐玄宗洛阳大酺时“鱼龙”仍然作为主要节目。教坊中的“吞刀”“吐火”节目在《乐府杂录》中也有记载。《信西古乐图》有“饮刀子舞”和“吐火”两图，吐火的演员浓眉短须，右手张开，左手作叉腰势，口吐长长的熊熊的一道火焰。吞刀的样式则与一般不同，刀子分为六段入口。

国外引进的幻术以酷刑为主。如天竺的“自断手足”“卧剑上舞”等所谓的“婆罗门使”。这些西域及外来幻术当中，“新罗乐、入壶舞”和“缸遁”是

个崭新的节目，再加上“入马腹舞”，记载于《信西古乐图》；一匹高头大马，一人从马后钻入马腹，还剩有下半身露在外面，而从马口里，已经有一个人钻了出来，露着上半身。图中人和马的比例很不相称，马显得特别巨大，说明并非真马，乃是彩扎乔装之物。这个节目可能是“分身术”的雏形。

宗教家们，如叶法善、张果、罗公远手里的搬运术、隐身术等，在唐代屡有传闻。如《青琐高议》《酉阳杂俎》等记载，道士韩湘曾“以径寸葫芦，酌酒遍饮座客，又以火缸栽莲，顷刻开花”。不论是否实有韩湘其人，“葫芦取酒”“茶碗生莲”等民间幻术的表演都是真实的，早已为我国幻术家通用。

（三）技艺高超好手辈出

唐代杂技，技艺水平超越前代，达到了新的高度，表现在传统节目难度普遍提高，“复合节目”的涌现和杂技高手辈出。

1. 对传统技巧的突破

传统技艺的提高，几乎遍及所有杂技节目，如柔术“瞋面”，陈旸《乐书》谓：时刘吃陀权能不用手，而足自加颈。此动作为柔术中“因宝顶”，一般用手将胸朝后引上，扣至头顶。而这里基础功已达到不用手扣的程度，即以现代眼光来看当时的水平也是极高的。高空技术“戴竿”的载重承力，也超越前代。如《独异志》所载的“戴竿”三原王大娘，长竿上能载十八人而行；《安禄山事迹》所述安府之散乐艺人，顶竿载人，竿上人多至二十四人，即使竿上均为小孩，底坐亦须千斤之力！这种神力之技，前无古人后无来者。教坊中将竿木列为重点项目，因而教坊中“戴竿”名家特别多。据《教坊记》记载，开元时的侯氏、赵解愁、范大娘子等，均是极有影响力的艺人。

繁花似锦的马戏技术，在唐代大大突破了前代。《朝野佥载》记有：“唐忠武将军辛承嗣……曾与将军之帅奖驰骋，一手捉鞍桥，又足直上捺蜻蜓，走马二十里。”他马上倒立的耐力真是惊人，现代一般演员也很少有能倒立十几分钟的。

2. 复合节目的涌现

唐代时技艺的大幅度提高，还表现在复合节目的出现上，复合节目系将原有的两套以上不同技艺集于一身，同时表演因而对技艺要求更严，演员必须多能和协调，是杂技由初级向高级发展的必由阶梯。比如走绳，在汉代仅仅是绳上“两倡对舞，切肩不倾”。而唐代，将走“高跷”“舞剑”之类独立的节目搬至绳上表演，尤其是《信西古乐图》中所绘的“神娃登绳弄玉”，在绳上表演“跳丸”不但要顾及脚下的平衡，掌握重心，更要求思想高度集中，双手往复抛接球丸，而且图中所绘的“弄玉”动作中最困难的“桥板”姿势，说明复合节目的成熟状况。而教坊的兴盛，坊中训练条件的具备，使艺人的一专多能成为现实。如公孙大娘就是其中的佼佼者，《明皇杂录》载：“时有公孙大娘者，善舞剑，能为邻里曲，裴将军满堂势，西河剑器浑脱。”她能歌善舞，同时又精通杂技、武术，是唐代优秀艺人的代表。

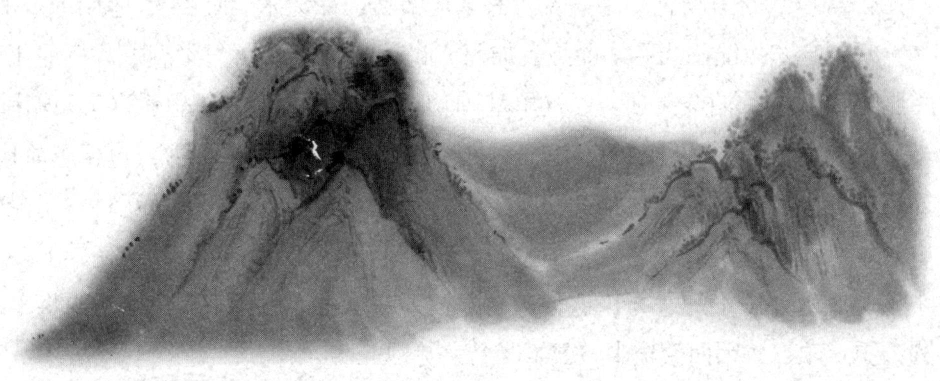

七、宋代杂技的繁荣

宋代是杂技艺术发生重大变革的时代，它的活动重心不仅从宫廷转移至民间，而且从演出形式、演出队伍及节目创作都发生了深刻的变化。杂技艺术原本来自民间。可是在中唐之前我们所见到的有关杂技的记载，大多数是夹杂在宫廷宴乐活动之中的，民间杂技活动的资料相当稀少。这是不是说，民间杂技不多呢？我们认为并非如此。以汉代为例，文字上记载的民间杂技资料虽然不多，但从现已发掘的大批汉墓画像砖、画像石来看，凡是民间宴乐图中，绝大多数都有杂技表演；此外，历代文献中屡次提及朝廷征集散乐百戏，向哪里去征集呢？当然是民间；再有，出于政治及其他原因，历史上多有“罢百戏”之举，百戏罢了之后，成千上万的艺人只得又回到民间。这一次次的征集与罢免说明无论是在汉唐宫廷艺术兴盛的时期，还是在战乱频繁的魏晋六朝或五代十国之间，民间杂技都是十分活跃的。现在我们要谈到的是，宋以前民间杂技活跃的程度与规格同宋代相比，是望尘莫及的，因为宋代有着前代难以相比的社会背景。

（一）民间杂技繁荣的原因

纵观中国历史，宋朝是封建制度发展更加成熟的阶段，相比较隋唐时代，宋代的小农经济更加发达，科技更加进步，工商业、航海贸易业都得到较快的发展，城市更加繁荣，出现了东京汴梁以及南宋临安那样拥有百万人口的大都会。这样，在宋代新也产生了一个市民阶层。这个阶层的兴起，给宋代的文化艺术带来了新的影响，话本小说产生了，各种表演艺术逐步分化，进而形成音乐、舞蹈、杂剧、滑稽、木偶戏等专业门类。汉唐时总称为百戏的混合艺术已不再包罗万象，而成为专指杂技的名称。

市民文艺的兴起给杂技艺术带来的影响是深远的。不论在宫廷宴乐场合还是在瓦市勾栏作营业性演出，往往是百戏（杂技）、杂剧、乐舞并呈，相互之间的竞争也越来越激烈。杂技表演者为了求得生存，必须推陈出新，在演出形式、队伍组织等方面，都发生了深刻的变化。

1. 宫廷杂技的变化

宋初鉴于五代兴亡与军队有密切的关系，赵氏王朝在统一中国之后便千方百计削弱军队势力，加强中央集权，逐渐形成了一种重文轻武的风气。以尚武精神为支柱的杂技艺术，难以得到宫廷的支持与提倡，御用杂技队伍随着教坊组织的缩小而削弱，最终完全被废弃，杂技艺人不得不转至民间自谋生路。

宋代末期，外患频繁，前有辽国和西夏，中有金，后有蒙古的威胁，国势逐渐衰弱，更无汉唐时代那种规模宏大的外事活动，也就无需设置大规模的宫廷百戏杂技队伍。历来作为招待外国使节的传统杂技失去了大规模演出的舞台。新兴的杂剧艺术，集取乐舞杂技的精华，以其动人的故事情节，层出不穷的新作，得到了宫廷的青睐，取代了古老的乐舞百戏千百年来统领宫廷艺坛的地位。

2. 瓦舍、勾栏的兴起

北宋末期，随着城市的新兴和市民力量的壮大，对文化生活提出了新的要求，瓦舍、勾栏应时而生。根据历史资料记载可以看到，瓦舍主要是各种艺人卖艺作场的场所，也兼营服装、小卖、玩物、茶楼、理发店甚至妓院等，是最吸引游人流连忘返的场所。宋代这种市民游乐场所十分兴盛，各州府都有瓦舍，尤以南宋临安规模为最大。唐代勾栏已有艺人作艺，只是不如宋代那样普及。但从多条资料纵观，勾栏在宋代已成为百戏杂剧作艺的主要场所，是后世戏台、剧场的雏形，应是无疑的；勾栏的出现与发展，为杂技在民间的繁荣提供了前所未有的条件，是不容置疑的。

3. 技艺分科与“社火”的出现

宋代杂技繁荣的原因还在于：各种技艺的分科逐渐趋向于精细化和专业组织的出现。晚唐以来百戏逐步摆脱了宫廷的制约，得到了自由发展。长期共存于百戏之中的各个艺术品种，按照自己的特点迅速地成长起来，戏剧、音乐、

舞蹈、曲艺、傀儡渐渐独立门户，自成系统，生机勃勃。即便是仍称为百戏的杂技，其各个技艺行当分工也越来越朝着专业化的方向发展。从现有的文献统计看，宋代百戏杂技项目已达一百二十多个。瓦舍勾栏的新兴、激烈的业务竞争、需要有独特精彩的技艺，而这更促进了技艺的分科和新节目的诞生。而要完成这一变化很重要的手段又在于杂技队伍的变化。为了适应新的要求，艺人们以专业为基础组织起“社火”来，“社火”这种组织，类似于后世的杂技班或专业行会，这种社团出现在宋代，规模小的称为“火”，规模大的则称为“社”，作为一个整体在社会上活动，他们一起作艺营业，一起研习技艺，一起与社会上的其他团体抗衡。“社”与“火”的兴起，促进了杂技节目的提高与创新，是宋代杂技繁荣不可忽视的因素。技艺的分科与社火的新兴是相互影响、相互促进的，技艺的分科促使同行艺人集结社火；社火又进一步团结了队伍促进技艺发展以及各种流派的形成，为民间杂技的繁荣创造了条件。

（二）技艺的提高和新节目的出现

宋代杂技节目在数量上大大超过以往各代，节目技巧也有了许多新的发展。据不完全统计，经常上演的节目已发展到一百多个。这些节目总的特点有三个；一是传统技艺普遍有所提高，二是新创的节目和品种繁多；三是节日趋于小型、精巧。按节目类型略述如下：

1. 形体技艺

宋代的形体技艺，除了继承前代的拗腰、倒立、跟斗、穿刀门之外，还新发展了一批复合性节目，例如把翻腾技巧与水戏结合起来的“水上秋千”“水上耍旗”，把耍大旗与翻腾技巧揉为一体的“扑旗子”，不仅红火热闹有很好的演出效果，而且也提高了翻腾的难度。此外，还有新的“双人技巧”的“擎戴”，据《文献通考》解释：“盖两伎以手相抵戴而行也。”这个节目由两人合演，底座演员双手举起倒立的演员表演形体动作，是现代“对手顶”节目的雏形，有较高

的技巧难度。

“倒食冷淘”是形体技巧方面的新节目之一。元宵节罗列众艺人作艺时，提到过“赵野人倒喫冷淘”的节目，“冷淘”即凉粉，“倒喫”是向后弯腰成反弓状衔起凉粉。这个节目一直保留到近代，杂技舞台上的倒喝水和当代转碟中的垂腰采莲，就是由这个节目演变而来的。“悬倒进餐”也由此而生，它是在地上立起一只短竿，约五尺高，竿顶有一只五寸大小的圆盘，表演者将头部倒立在竿顶，手足悬空，单凭脖颈的调整来保持人体平衡（俗称头鼎子或小顶），然后伸开双手从助演手中接过食物咽下，以此来表现在倒立状态下保持平衡的本领。

2. 力技

力技是宋代杂技百戏中十分活跃的部分。从周秦以来一直称其为角抵，直到一千多年后的宋代，角抵才成为仅指角力摔跤的部分。《都城纪胜》载：“相扑争交，谓之角抵之戏。”《梦粱录》载：“角抵者，相扑之异名也，又谓之争交”。女子摔跤的叫“女飐”。在宋代，介于杂技与体育之间的相扑十分流行，不论是宫廷宴会、皇帝生日、郊祭等朝廷典仪，还是在庙会、瓦舍、勾栏到处都有大力士们表演相扑的身影。相扑形式不尽相同，有的强调竞技，更接近于体育；有的只做营业性表演，归于百戏卖艺的一部分便更近于杂技，至今仍保留在杂技舞台上，例如“乔相扑”。随着摔跤活动的兴盛，宋代出现了许多技艺高超的好手，如王侥大、刘子路、韩铜柱、倒提山等，这些艺名表明，他们都是力大无比的相扑高手，此外还有一些著名好手如王急快、周急快、女急快等，这路艺人可能是以巧取胜。可见力技并非只限于力气超人，也在于技巧的高深。

3. 高空节目

“水上秋千”为高空节目的发展开辟了新的领域，这个节目流传的时间虽然不长，但对后世发展起来的“空中飞人”“空中造型”“空中吊子”等有深远的影响。在宋代，传统的高空节目常采取与前代不同的角度，如顶竿，前代都是在增加竿上人数和竿的高度上下工夫，而宋代顶竿的特点是将竿身锯短。

除了容易受伤的原因将竿缩短外，更现实的原因还在于宋代杂技百戏经常活动的场所，即勾栏瓦舍的场地高度限制了表演过高的竿木节目。从现存的敦煌壁画中的顶竿图来看，宋代的竿确实比唐代短许多。竿木越高重心越难掌握，对演技的要求也就越高，因此说，竿木改短实则是顶竿技巧向新的方向发展的结果。

高空节目的另一重要项目“走索”，在宋代也有新发展，出现了“索上担水”“跳索”等新技巧。前者不仅表现出演员把稳健的承力与灵巧的越险统一起来，而且由于挑的不是其他重物而是水，所以稍一晃动，水将激荡以至外溢而失去平衡。因此担水走索便对平衡技巧提出了更加严格的要求，使走索技巧达到了新的高度。跳索也是前所未见的新项目，是伎人借助绷紧的大绳的弹力，表演弹跳、腾踏，乃至翻跟头等高难度技巧。此外，尚有“踏跷上索”，亦属首见。瓦舍勾栏中，上竿与上索往往同时演出，甚至一人兼演两技，说明高空节目已渐渐形成为专业行当，而瓦舍勾栏中已出现专供表演高空节目的场地和设施。

4. 杂手艺和踢弄

杂手艺和踢弄是以手足耍弄物件来表现技巧的项目，它在宋代特别兴盛。宋代出现的各类杂技名目有一百多个，而在各种记载中常用“杂手艺”或“踢弄”来概称全部杂技，杂技艺人也被称为“百戏踢弄家”。手技和足技堪称两宋杂技之代表作，古代的“跳丸”“跳剑”，此时得到了进一步的发展，出现了不少技艺高超的著名艺人。

在抛掷技巧中新出现的节目还有“消息”，北方民间称为“霄霄”，是从古代狩猎工具“飞去来器”演化而来的手技节目。

手技中除抛掷技巧外，还有旋转器物的技巧，例如转盘就是始见于宋代记载的节目，当时归于“杂旋”之中，《乐书》和《文献通考》中记为“盖取杂器圆旋于竿标而不坠也”。看来那时所旋转的物件不仅限于碟子，也许还有转碗、转盆之类的技艺。

宋代踢弄技艺发展的势头比手技更大，究其原因，是与当时朝野提倡的蹴鞠分不开的。民间踢球活动亦十分普遍，成为瓦舍中的重要项目。足技、踢弄技巧的发展不仅表现在与踢球直接有关的技巧的提高上，如出现

了“拶筑球”“白打”等技巧，也促进了踢弄其他物件，以及各式各样的踢弄形式的发展，例如“踢瓶”“踢笔墨”“弄球于”还“踢钟”“踢缸”“蹬人”“蹬桌”“蹬梯”等许多足技的出现。

耍弄类出现的新节目中，还有“投壶”“打弹弓”“弄枪”等多种以投射技巧为主的节目。从以上几例来看，宋代的杂手艺和踢弄节目，的确在数量和质量上都远远超过了前代。这类小型杂技特别兴盛的原因，大概是出于大批艺人常年集中于勾栏瓦舍卖艺的结果，而这也是时代赋予杂技的特色。

5. 幻术

由于科学技术的进步，促使以科学为基础的幻术也得到了新的发展。磁铁、瓷器、火药的出现，为幻术创作提供了新的条件；自由竞争也促进了创新的积极性，使手法幻术、藏掖幻术、搓弄幻术等得到了长足的发展且自成体系。许多艺人发挥特长，专攻一种门类的节目，在技法上精益求精，变化多端，较传统的幻术从技法到品种都达到了新的高度，同时出现了几十位知名的幻术家。

手法幻术取得了突破性发展，“泥丸”“弄头钱”“变钱儿”“绵色儿”等自成套路的手技节目相继出现。中国幻术历来重视手法技巧的提炼，但宋代之前所出现的“吞刀”“吐火”之类节目，手法仅用于掩护机关过门而已。宋代出现的一些手法幻术，往往不需要特别的机关过门，而仅凭演员灵巧的双手掩盖，使物件来去无踪。中国著名的典型手彩幻术“仙人栽豆”就产生于宋代，那时称之为“泥丸”。《东京梦华录》曾记载了正月十五元宵时节，北宋开封府著名艺人小健儿专演的“吐五色水”和“旋烧泥九子”。《西湖老人繁胜录》中也提到“撮弄泥丸”的节目。其基本表演形式是：桌上反扣着两只小瓷碗和五个红豆或泥丸，在艺人巧妙的翻碗和扣碗之间，红豆随心所欲地变出或遁走；高明的艺人招数极多，从“一粒下种”“双凤贯耳”“三星归洞”直至五粒、十粒的“珠还合浦”，到变满整碗红豆的“秋收万颗子”。全凭十指和手部肌肉的控制，演者往往要下几年工夫才能掌握它的全部技巧，有的艺人以毕生精力研习、表演此类节目。如《武林旧事》中列举的王小仙、施半仙、章小仙、袁

承局等，都是表演此术的高手。这个节目不仅体现出中国幻术手法技巧之精妙，也反映出创作节目的深度和设计程序的巧妙。这个节目于清代传到海外，引起西方魔术师们的注意，日本称之为“茶碗与玉”，西欧称为“杯与球术”，成为许多著名魔术家乐于研习的中国幻术。

宋代也曾出现过一些大型魔术如“藏人”“壁上睡”，可能就是近代所流行的“空中悬人”。需要特别一提的是，南宋舞队中出现的“穿心国入贡”。这是一个很值得注意的节目，至今舞台上还常有人表演，而且很多人以为这是近百年才从国外引进的，其实它是南宋时根据《山海经》中穿胸国的题材创作的节目。其表演形式是，用棍棒横穿透过人体，由两位助演举起棍棒两头，抬起被穿运的人来参加舞队游行，观众可以四面围观。这套巧妙的节目产生于南宋，说明我国幻术手法的久远与高超。

6. 马戏和动物戏

宋代是马戏发展的又一高潮。其主要成就在于骑术技巧的增多和骑与射的结合。如《登宝津楼诸军呈百戏》中反映的精彩的马戏表演。这套由十多个节目串联而成的综合马术表演，其规模之大、技巧之丰富，形象地告诉我们，宋代不愧是马术发展史上的新高峰。其整套节目既有形体技巧，又有骑术与射击相结合的“拖绣球”。还有骑术与力技相结合的耍抢舞大刀，以及马球赛等。编排十分严谨，演出整体感强，风格上显示出与汉唐的“舞马四百蹄”不同的特色。开场时的“拖绣球”和“措柳枝”两种射艺，都是在急驰的马上进行骑射，规模壮观，竞技色彩很浓，说明在辽、金等游牧民族的“射柳”“射兔”之前，中原地区的马术、箭术已十分娴熟。

“立马”“献鞍”“拖马”“飞仙膊马”“蹬里藏身”“赶马”“绰尘”“豹子马”“马上耍刀”等新花样，总的特点是人与马配合默契，表演场地可大可小。这种小巧灵活的表演风格，在宋代遗留的敦煌壁画和宋代制作的瓷枕上都有生动描绘。如瓷枕上画的短衣细袖演员，双手据鞍，倒立在马背上，马匹飞驰，人马配合紧密协调；敦煌壁画《太子练武图》中，马队中的八位骑士各呈技艺，十分生动。而且马戏还向着小型多样、技巧高难方面发展，这与宋代城市经济发达、勾栏瓦舍繁荣及市井文艺的崛起有着密切关系。

宋代马戏的另一特色是小型动物戏蓬勃兴起，这与瓦舍、勾栏的兴盛和村落百戏的普及是分不开的。民间艺人本薄利微，往往只能驯养各种小动物表演以维持生计。据《东京梦华录》记载，当时已有“猴呈百戏”“鱼跳刀门”“使唤蜂蝶”“追呼蝼蚁”等节目。招《西湖老人繁胜录》记载南宋小动物节目更多，有“教鱼跳刀门”“乌龟踢弄”“金翅覆射”“老鸦下棋”等。这些调驯的品种，大大超过了前代，而且每一种动物不止表演一类节目，如“驯熊”中就有“教熊”“教熊使棒”，“驯猴”中就有“猴呈百戏”（模仿百戏艺人翻跟斗之类）、“斗叶猢狲”（可能是玩叶子牌模样的幽默表演）。

驯大动物表演各种技巧，仍以宫廷御园为主。规模最大的驯兽项目要算“象车”，七头大象在七个紫衣力士的驾驭下会跪拜，合唱喏。有时骆驼也掺杂其中。民间象绷亦常有千人观赏，但与宫廷象仪的技艺、装备相比，相去甚远。

7. 口技节目的出现

口技起源虽然很早，但作为节目，却是宋代才出现的。当时最有代表性的口技节目是“百禽鸣”，即人模仿画眉、百灵、布谷、杜鹃等不同鸟类鸣叫的声音。这种新颖的表演常常用于帝王、太后生辰庆典。当百官上寿时，首先上演的就是这种只闻其声的口技表演。这与宋代艺人熟练地掌握了口技特制道具有密切关系。沈括在《梦溪笔谈》中记载：“世人以竹木乐骨之类为叫子，置人喉中吹之，能做人言。”这种道具的发明对促进口技的丰富，推动口技成为独立节目发挥了重大作用。因此在宋代不仅出现了“百禽鸣”这样专门模拟鸟鸣的节目，还出现了一大批与说唱、相声、滑稽表演以及乔戏相结合的节目。

8. 乔戏、彩扎和烟火

乔装节目、彩扎灯彩和烟火戏法，在宋代十分兴盛，它们在百戏中都独立成戏，但三者之间联系很密切。乔装和烟火节目的外形都离不开彩扎；乔装动物及鬼神的出没，又常常应用烟火作为掩护，烟火中的药法傀儡等，从广义上说，这是一种特殊手段的乔装。所以，这三个行当在演出时是相互交织在一起的。乔戏中最流行的是乔装狮豹。

如诸军百戏中的“蛮牌狮豹”，苏汉臣所作《百子嬉春图》中的儿童舞狮，佛教活动中也保留着舞狮子。宋代这类乔装节目与前代相比，更强调技巧的提炼。比如“蛮牌狮豹”就不像唐代的五方狮子那样，在声势浩大的太平乐伴奏下，走走过场，舞拜一番而已。宋代舞狮比较注重武艺，它的表演常与打斗相结合。1977 年 10 月发现的山西晋城南社宋墓中，有三幅“狮子舞”，都是激烈、勇猛地与手执兵器者相搏之像。狮豹有时还口吐烟火，以增加神威勇武的气氛。

乔装鬼神也是宋代时兴起的项目。表演时艺人面涂青绿，或戴金睛面具手执刀斧，或持棍棒格斗，摆出种种泥塑般的阴森造型，称为“歇帐”；这是由古代“驱傩”仪式演变而来的新节目。据江西等地发掘出来的宋代傩舞所用鬼神面具来看，其不同式样的鬼脸，多至几百种。这反映出宋代纸扎、木刻工艺的成就和艺人们丰富的想象力。那时还出现了“旱划船”一类新的彩扎乔装节目。

火药的发明大大丰富了杂技幻术的表现手段。艺人运用“烟火”这一崭新技术，使幻术大为生色。当时不但出现了大批新式灯彩，还可以在烟雾迷漫中遁人。而最引人注目的是药法傀儡，幻术界称为“烟火盒子”。它是在烟火花炮中，隐藏有许多折叠的纸制人物、动物，由火药引线燃烧，点燃花炮，将纸叠人物等射向空中之后，借助火药的爆炸及燃烧的力量，使纸人、纸物旋转起来。

八、明清杂技节目系统

杂技节目品种随着不同的历史背景而有所增减，总的趋势是种类越来越多，结构日趋完整，技巧日臻纯熟。经过明清两代艺人的取舍、创新，融以外来技巧，终于形成了现代杂技的基本体系，即技艺、幻术、马戏、滑稽四大门类。每一类中又包括若干小门类，如技艺大类中又有形体、耍弄、力技，高空等分类，幻术（亦称魔术）中包括手法门、丝法门、药法门、堂彩、磨子活等不同类别，马戏中有马术、驯兽、驯鸟、驯昆虫等不同类别；滑稽节目更是灵活多样，穿插于各类节目之中。这四大类节目共有二三百套之多，其中较为新颖突出的项目有：高空杂技除传统的顶竿、走索、扛竿、蹬梯、皮条、杠子外，清末还引进了外国的跳板、浪桥、蹦床等大型集体高空节目。

独特的“皮条”，是清代新出现的高空杂技。即用三根长竿搭成一个三角架，在架端垂下长长的皮带数条，表演者手握皮带，腾身离地靠手力吊在空中做各种惊险动作。这一节目刚柔相济，演员须有上乘的基础技术和耐久力。清末，艺人们将皮条道具进行了改革，在厅堂或舞台表演时，皮条从梁上垂下，皮条顶部连着黄罗伞盖，并附系铜铃，演员在带上表演时，响铃发出清脆的节奏和声音。皮条发展至今，即是“绸吊”“吊环”等高空杂技。

古代流传下来的“戴竿”“爬竿”，在明清时有三个新发展。

一是在竿顶横放一小梯，由小演员在梯上做各种柔术动作，是为“扛竿”；二是将巨竿在手中颠动、抛接，即是“中幡”；另外还有将竿横过来耍练，这就是“幡扛子”。

高空的“走绳”节目，在清初出现了“铜绳伎”。

这是古代“走索”向现代“钢丝”过渡的很重要的一环。同时，“走绳”还出现了“硬绳”和“软绳”两种方式。硬绳如上文所述；软绳别有技巧，男女艺人在软绳上表演进退仰卧，舞大刀、跳担子和最后“作盲状，东西探步，

时跌若坠，后摇幌似战惧”的精彩动作，即现代一般表演软钢丝时的压抽动作——“大摆”。

清代的脚蹬技艺普遍发展，把它搬到高空表演，也是一大创举。清代的摔跤等既已独立，力技便以“蹬石担”“拉硬弓”“举大刀”等为主。形体运动的“殴斗”“倒立”“柔术”等已广泛融会到“钻圈”“转盘”等各项节目中，成为杂技表演的基本功。乔妆动物的表演集中在舞“龙灯”“舞狮子”上，各地风格各异，技巧有很大的提高，有在四十条板凳摞起的高架上舞乔狮者，也有乔狮爬竿、戏水者，还有攀高采青者。

耍弄技巧的门类极为纷繁，如“飞剑跳丸”的抛接类，出现了“抖空竹”“镖刀”等新节目。“耍坛子”亦是明清时代培育出来的优秀节目。艺人从头顶、手旋、肩承滚弄小瓷坛到舞弄数十斤重大缸，是我国近代独特的杂技。

明代之“蹬技”大为发展。明代的蹬技形式多样，风俗画中有双足蹬缸，双手敲铰，边唱边蹬；两边二人，一持流星锤，一人舞大刀。围观者有老有少。《隋炀艳史》木刻插图中则有一赤膊力士双足蹬转大缸，缸内一人屈体跪卧，缸上另立一人作金鸡独立势吹笛协奏，潇洒飘逸。“蹬技”是明代突然出现的崭新的杂技，花样繁多而且自成系统，实是杂技史中一重要部分。到了清代又有所发展，重点是蹬梯，出现了李赛儿那样技高胆大的蹬技艺人。

“弹弓”之记载见于宋代，它与“射弩”均为宋代勾栏节目之一，但其表演内容不明。至明代则有了形象的记载，一般分单人表演和双人配合两种。子弹一般以泥团或粉团制成，单人表演时，演员向空中垂直射出第一颗弹丸，当其坠落过程中，迅速射出第二颗弹丸，使其在空中相撞成粉。另有反身射物者，儿童头顶一弹，技人反身弹射，弹不虚发。最为困难的是双人对射，两人相对张弓，双弹齐发，“中遇而碎，非遇是俱伤也”，特别惊险。

口技是清代大为兴盛的一门杂技，是在宋代“学乡谈”“吟叫”“学像声”的基础上蜕变出来的。演化的口技艺术分为两种：一是“明春”，指演员站在观众前模仿各种自然界声音，尤其是鸟叫。“明春”一派口技发展至今，仍兴盛不衰。口技的另一支“暗春”，艺人表演时钻入帐内，模

拟市井村言，幽默故事，称为“隔壁戏”。小说《聊斋志异》《风月梦》及清初进士林嗣环的描写，均极精彩。《清稗类钞》记道：“周德新……善口技，尝于屏后演兵操，自抚军初下教场放炮，至比试武艺，杀任献俘，放炮起身，各人各语。”

明清两代的“马戏”，除了清八旗子弟“善扑营”的马技表演，还有康熙帝出巡时大批象仪的训练，清宫内大戏有马、象、驼上台之外，民间“马戏”表演，大多见于风俗画和年画上。

明清最为流行小动物戏。如驯猴、羊、狗，乃至耗子，还有比较独特的如驯鸟类、驯金鱼、虫蚁更盛于时。驯鸟除“驯鸟识字”“黄雀衔旗”外，还有驯鸟戴面具作戏的节目。

驯虫蚁如“蚂蚁摆阵”，其法为张红白二旗，各长尺许，艺人倾其筒，红白蚁乱走如人，艺人扇以红旗曰“归队”，红蚁排作一行，艺人扇以白旗曰“归队”，白蚁排作一行，艺人又以两旗互扇唱曰“穿阵走”，红白蚁遂穿杂而行，左旋右旋，行不乱捕，行数，以筒接之，仍蠕蠕然各入筒矣。

清末流传进来的外国杂技项目有“自行车技”“单轮车技艺”“绳鞭”，以及许多高空节日及大、中、小套魔术，数以百计，经我国艺人吸收、改造、充实了我国杂技内容。

九、当代杂技艺术

新中国建国以来，杂技艺术在“百花齐放，推陈出新”和“古为今用，洋为中用”的方针指引下，发生了深刻的变化，揭开了杂技发展史上新的一页。杂技通过表演显示人民的勤劳、勇敢，智慧和力量。而这一传统特点在现代舞台上也得到了进一步发扬，艺术家们努力使杂技艺术朝着优美、朴实、明快、勇敢、智慧、力量等方向发展，使每个节目都更精练、更完整，既保持了民族特色，又反映了时代的风貌。

从 20 世纪 50 年代初起，逐步对旧社会遗留下来的节目进行了整理，取缔了恐怖、残忍以及有损演员身心健康的节目。对一些威胁演员生命的高空节目都增加了保险设备，保证了安全。对传统节目弃其糟粕，取其精华，努力攻克前人不敢逾越的绝技禁区，使杂技更加丰富多彩。

（一）当代杂技的几大门类

1. 形体表演类。

以专门表演倒立、跟斗基本功为主，如“武术”“爬竿”“钻圈”“杠子”“跳板”“滚杯”“柔术”“溜冰”等，这些节目大都明快、活泼、干净、清新，以动为主，给人以兴奋感。

2. 平衡技巧类。

表现掌握平衡的能力，如“扛竿”“顶技”“晃板”“晃梯”“椅子顶”“倒立技巧”“车技”“定车”“走钢丝”“顶碗”等。这类节目除车技外，大都动中有静，演员要具有高度的平衡技巧。

3. 耍弄类。

演员凭借一些小道具或抛接或旋转，千变万化，趣味无穷。这当中又可分出若干小门类，如手上技艺，有抛接类的“抛棒”“抛圈”“抛球”“订花棍”“飞叉”。有旋转类的“抖空竹”“转碟”“舞流星”“绳技”。有准确类的“绳鞭”

“飞标”等。足蹬技艺可分为蹬技和踢技，如“蹬缸”“蹬梯”“蹬伞”“蹬人”“踢碗”“踢毽子”。头上技艺有“耍花坛”“脑弹子”等。上述这些节目短小精悍，如一串明珠，它们是杂技的主要组成部分。

4. 高空类。

多在马戏棚、体育场演出，如“长竿技艺”“皮条”“吊环”“火箭飞人”“秋千飞人”“绷床”“空中体操”等。特点是空中表演气势磅礴，惊险异常，表现杂技健儿履险如夷，临危不惧的胆气和豪情。

5. 马戏类。

包括所有动物戏，如“马术”“驯熊”“驯狗”“驯猴羊”“驯熊猫”。这些节目滑稽幽默，逗人喜爱。

以上各类技巧经常相互溶化，从而又衍变出形形色色的新节目。除了这些门类之外，还有许多独特门类，它们是：

6. 口技类。

专练口内功夫，模仿各种声音。

7. 幻术类。

以智力为核心，以手法技巧和节目设计为表演手段的一大门类，流行在舞台上的有“巨型魔术”“中小型幻术”“抢彩幻术”“手法幻术”“古彩戏法”“民间戏法”。幻术有上千个节目。是最为群众所喜爱、拥有业余演员最多的一个门类。

8. 滑稽类。

以各种健康的笑料和技巧表演来调节杂技晚会的气氛。

9. 乔装动物类。

人扮动物表演，有“狮子舞”“龙舞”“蛤蟆舞”等，别具一格。

这众多的节目，都具有浓厚的民族风格，健康的情调，美的造型。

（二）当代杂技的主要特点

1. 节目不断创新

当代新创的杂技据初步统计，多达五十来项（这里不包括传统节目中新出

现的动作和技巧，单指创新的完整节目）。如“车技”“叠椅倒立”“蹬伞”“浪木”等等。新节目来源有几个方面：

从生活中汲取新鲜题材。比如随着近代自行车逐步普及，就发展了“活轮车技”“死轮车技”“定车”“高车技巧”“集体车技”等十来项节目。老一辈的金业勤兄妹和青年一代刘章枢、彭小云夫妇，都对车技的不断发展作出了贡献。

集体表演的新节目。从20世纪50年代开始，杂技节目向双人对手或更多人集体化方面发展的趋势日益突出。如“对传花坛”“对蹬缸”“对蹬伞”“集体手技”“集体爬竿”“排椅倒立”等等。对手节目要求两人同心协力，表演艺术家格树旺和周金荣两人的“对传花坛”，一方把十多斤重的大缸以各种身段抛送，对方用头准确的承接，大缸在两人头上飞来飞去，如果没有扎实的基本功和两人配合默契是无法做到的。

50年代末，战士杂技团创作了“双爬竿”，十几位演员随着爬上双竿，集体做出“顺风旗”“倒挂金钟”等造型。还创作了“集体过竿”“后空翻夹杆”等惊险动作。随着“双爬竿”的普及，各色各样的爬竿技术也得到空前的发展。

“排椅倒立”是椅子顶中异军突起的集体节目。武汉、重庆、广州等杂技团的“排椅倒立”，七人一组向两边开列开来，同时倒立，那图形如凤凰展翅，富丽堂皇，雍容华贵。集体节目如今已成为杂技晚会的主要构成部分。

改革道具，创新节目。在硬钢丝的两头装上弹簧装置，为“钢丝跟斗”和“两面叠坐”创造了条件。蹬技中采用扇子和伞乃至柔软的毯子，开始了蹬技中轻柔的一派表演。顶竿用的竹竿，被合金钢材或玻璃钢所代替，使之更轻巧、更富有弹性。道具的改革大大增加了演员的活动天地。比如杭州杂技团的钱荣宗等，把地方戏曲绍剧的“七十二吊”特技和皮条技艺结合起来，创造了“绸吊”。既保持了皮条中如“雄鹰凌空”般的挺拔快速，又具有舒徐婉转清新的格调；既有“套九扣”等如“陨石坠地”般的激烈招式，又新创了“大脱”等新颖动作。

借鉴姊妹艺术，创造新节目。如用体操动作来丰富内容的“女子造型”，把踩大球和杂拌子结合起来的“踩球杂耍”等等。20世纪50年代，重庆杂

技团演员何天宠、刘小玲表演的“平衡造型”，糅合了体操、武术和蹬人的技巧。20世纪70年代末潘素梅练成了“跳板蹬人”，把蹬人的位置移到了高架之上，用脚承接了从小跳板飞腾上来的尖子演员。动作复杂，气氛热烈。

由单项节目派生出若干新节目。比如古代的“走绳”现已发展为“高空走绳”，表演绳上叠罗汉等动作。还有“硬钢丝”，在钢丝上表演翻跟斗等形体基本功。“软钢丝”则衍化为“钢丝杂耍”。20世纪50年代祁美英把剑舞搬到钢丝之上，古雅清新，别有情趣。在宋代曾盛极一时的“踢弄”近代失传了。20世纪50年代观看东欧的自行车踢碗之后，于是“晃板踢碗”“晃梯踢碗”“秋千踢碗”“倒车踢碗”“高车踢碗”等各式各样的“踢弄”杂技在我国又应运而生。近年来发展到双人对踢、集体对踢，以此踢双碗、三碗、五碗等技巧和节目。

2. 杂技表演充满诗情画意的意境美

技巧上的新奇高难是当前杂技兴盛的特点，但是人们在欣赏中国杂技时常常谈到：“中国杂技像诗一样美。”他们没有强调个别技巧如何出色高超，而是以“诗”和“美”来概括当代杂技的特色。杂技在今天的确已摆脱了单纯耍弄技巧的局面，而是作为一个完整的艺术作品出现在观众面前。目前在国内外有影响的大批节目，大多数是最近十几年成长起来的新节目，是根据总体构思选择人才，设计技巧动作与道具，调动综合艺术各种手段相互配合而创作的艺术品。编导、教练不仅着力于技巧本身的提炼。更着力于挖掘技巧中“关”的因素加以渲染。许多节目在结构上有了新的突破，外国评论家认为“中国的杂技是立体的画，是梦幻似的诗”。这类从意境、从情趣出发来创作新节目的例子还有很多，如天津杂技团的“皮条”、前进杂技团的“快乐的水兵”、上海杂技团的“滑稽驯狗”，魔术“书画幻术”“美好的春天”“彩扇争艳”等。这些富有新意的探索，受到同行的关注和观众的欢迎。

3. 发扬民族风格和地方特色是当代杂技的又一特色

新疆的“巧耍萨巴依”、内蒙的“对传马鞭”、山东的“五把刀”、南京的“抛接网球拍”、广东的“杂耍”，都是以表演手技中抛接技巧为主的节目，但由

于创作者选择技巧的重点不同，使用的道具、服饰、伴奏乐曲不同，技巧组合、表演节奏不同，使得同类型的节目，舞台形象迥然不同，表演情调各具一格。不仅不同民族、不同地区提倡创造自己的独特风格，即使同一个团的同一节目，几组演员之间也力图搞出不同特色，例如武汉杂技团的“顶碗”，三十多年中已有四代演员练习同一节目，而每个演员所演的技巧与风格都有所不同。而广州杂技团的“高梯顶碗”、上海杂技团的“双人对顶碗”又与武汉顶碗不同，以其独创技艺分别获得国际比赛金奖。而从全国范围来看，更有几十个不同风格、不同技巧的“顶碗”节目。可谓百花齐放，五光十色，美不胜收。

总之，从20世纪80年代以来，杂技艺术已取得了前所未有的进步。然而中国杂技又正面临着日益严重的挑战，在国内随着改革开放的步伐，各项表演艺术日新月异，争夺观众的势头越来越激烈；在国际上杂技马戏正在突飞猛进，新花样层出不穷。中国杂技在国际赛场上或各种形式的演出中，竞争对手与日俱增，而目前杂技界的现状是：在空前发展的同时也还存在着许多不足与问题，比如杂技队伍文化素养偏低、创作思路不够活跃，信息比较闭塞、事业缺乏总体规划，各门类、各行当、各地区发展很不平衡，节目雷同的问题难以解决，编导、教练力量薄弱，研究工作难以开展，教学缺乏科学指导，物质装备比较原始等等，有少数单位为了嫌钱，不顾艺术质量，甚至上演一些20世纪50年代就已淘汰停演的节目。面对国内外的严峻挑战，杂技界必须振作精神，奋起直追。要进一步繁荣杂技创作，首先需要我们在提高对杂技艺术规律认识的基础上，进一步解放思想广开思路，多角度、多渠道、多层次地来挖掘传统，改革现有节目，创作出更多具有新技巧、新风格、新气质的优秀节目。创作新节目最关键的一环是需要有一支得力的创作队伍，然而目前就全国范围来看这方面是薄弱的，一半以上的专业团体创作队伍尚不健全，甚至没有专业人才，因此迅速培养编导、教练、音乐、舞蹈人才是迫

切需要解决的问题之一；演员是艺术创作的直接体现者，他们的艺术修养直接影响到作品的质量，必须尽快地提高杂技演员的文化素养，使他们成为既掌握高超技艺，又有一定表演能力，同时具有音乐、美术、舞蹈、文学等多方面修养的文艺工作者；要把杂技推向新的水平，还需要注重杂技理论研究工作的开展。我们必须吸取正反两方面的经验教训，从中摸索出中国杂技艺术的规律，才能引导当代杂技向更高、更新、更美的艺术高峰迈进。

古代舞蹈的形成与发展

中国古代舞蹈艺术缤纷多彩，它不仅是传达情感的艺术样式，还承载着文化传播及教化的功能。它分为宗教舞蹈、宫廷舞蹈与民间舞蹈三类。其中，宗教舞蹈是最早出现的一种舞蹈。随着王朝的建立，统治者为满足歌功颂德及享乐的需要，以乐舞为主的宫廷舞蹈兴起，并在周朝形成了成体系的雅乐。在汉唐这两个大一统的朝代，雅乐融合其他民族国家及民间艺术，变得更加成熟完备。宋以后，随着市民阶层的发展壮大，民间舞蹈迅速发展；同时贵族人家供养的优伶、女乐也为古代舞蹈增色不少。

引言：中国古代舞蹈概观

《诗·大序》中曾有一段这样的文字："诗者，志之所之也。在心为志，发言为诗，情动于中而形于言。言之不足，故嗟叹之。嗟叹之不足，故咏歌之。咏歌之不足，不知手之舞之足之蹈之也。"这段文字说出了人类情感表达的几个层次和程度，从说话、嗟叹、歌唱，一路发展到舞蹈，才真正达到足以表达的强度。

舞蹈是以韵律性的动作为主要表现手段的艺术形式，它以直观的方式表达了人类精神世界深处的情感和思想，在我国古代各个时期，舞蹈不仅仅是传达情感的艺术样式，还承载了许多社会文化的功能。

中国古代舞蹈艺术缤纷多彩，这些我们从各种考古资料中都有深入的了解。中国古代的舞蹈大致可以分为宗教舞蹈、宫廷舞蹈与民间舞蹈三类。其中，宗教舞蹈是最先在原始人的生活中出现的。之后，随着王朝的建立，统治者需要为自己歌功颂德以及享乐，于是以乐舞为主的宫廷舞蹈兴起，在周朝就已形成了成体系的雅乐，之后雅乐在汉代和唐代这两个大一统的朝代，融合了其他民族国家以及民间艺术，更加成熟完备。宋以后，随着市民社会的发展，民间舞蹈发展迅速，同时，宫廷舞蹈已然没有太大的变化。贵族人家豢养的优伶、女乐也为我国古代舞蹈增色不少。从唐代的歌舞戏开始，到宋杂戏、元杂剧，直到清朝四大戏班进京，戏曲艺术逐渐成熟起来，成为我国传统艺术的一块瑰宝。

一、舞蹈的源起——原始舞蹈

1. 原始人与舞蹈

（1）古代崖画舞蹈

我国考古学家发现了多处古代崖画舞蹈图，在这些图像中，属于原始社会舞蹈形象的占了相当部分。内容主要有：图腾祭祀、生殖崇拜以及狩猎和征战。这些舞蹈图像舞姿丰富，场面生动，古朴质拙，表现形式多样，有远古洪荒之风采。

有关图腾祭祀的内容，在原始人的舞蹈中是占有很大部分的。图腾是原始人群体的亲属、祖先、保护神的标志和象征，是人类历史上最早的一种文化现象。社会生产力的低下和原始民族对自然的无知是图腾产生的基础。运用图腾解释神话、古典记载及民俗民风，往往可获得举一反三之功。图腾就是原始人迷信某种动物或自然物同氏族有血缘关系，因而用来作本氏族的徽号或标志。我国古籍中有很多关于图腾崇拜的记载，《山海经》上记载的图腾就有上百种之多。传说中伏羲的后裔少皞氏管理部落时“以鸟名官”，有凤鸟氏、玄鸟氏、青鸟氏、丹鸟氏等二十四种，这当是以鸟为图腾的二十四个氏族。图腾崇拜渗透在原始人生活的方方面面，而舞蹈是图腾仪式中重要的内容和表现形式。舞蹈是通过有节奏的、经过提炼和组织的人体动作和造型，来表达一定的思想感情的艺术。举行图腾仪式，一般是采用图腾祭祀的方式。因为图腾是要体现信仰、崇拜的，而这种情感要通过祭祀的行为来表达。舞蹈表示图腾崇拜主要是模拟图腾神的动作。例如内蒙古阴山、乌兰察布等崖画上一些舞者扮成鸟形、兽形而舞，这种舞蹈不光是要模拟图腾动作，而且对图腾神形态的模拟也是惟妙惟肖的，这其中渗透着

原始人朴素虔诚的精神信仰。原始图腾崇拜是原始人万物有灵、灵魂不死等思想的反映。在广西花山崖画中，就有与渔猎生产密切相关的祭祀性舞蹈，如在沿江转弯处深潭附近的山崖上，有站着一排的人像，在船上载歌载舞祭奉河神。在内蒙古的阴山崖画，有的舞者双臂上举、以祈祷的姿势向神灵献舞；有的杀掉战俘祭祀神灵；而在内蒙古乌兰察布崖画中，也有一幅"人牺祭神图"，右边有一人头落地的人牺，左边两人在跳人牺祭神舞。阴山崖画中还有一幅《祈雨图》，图上刻着并列的舞者，正在起舞求雨，天上有两片云彩，象征大雨将至。

生殖崇拜在原始人生活中的地位也是很重要的。例如，乌兰察布崖画中的衣服舞蹈图，将女性性器官描绘得抽象而突出，这无疑反映了母系氏族社会的女阴崇拜意识；而在广西花山崖画中，其生殖崇拜舞都以夸张的方式突出男性生殖器；在新疆发现的呼图崖画，据推断大约是古代塞人于公元前1000年以前该地区还处于原始社会后期的父系氏族社会时代所作。画中人物男女性别特征明显，其刻绘主旨就在于祈求种族繁衍。这充分说明，原始舞蹈的原动力就在于对人类自身繁衍的追求。

此外，狩猎和征战也是原始舞蹈表现的主要内容。花山崖画有舞者头插雉尾或戴兽帽、披兽皮而舞；阴山崖画上还有一幅人们手执长长的尾饰，连臂而舞的画面；甘肃黑山崖画中还有威武雄壮的武士操练图。这都反映了原始人为获取衣食以求生存，以及抵抗强悍氏族侵害、掠夺弱小或血亲复仇的生活情景。

(2) 原始氏族部落的乐舞

原始社会的舞蹈，大都没有确实的记载可考，我们只能通过古代的神话传说，找出一些符合社会发展规律的合理内核，加以分析、研究。这些传说中的原始舞蹈，都与人类的劳动、战争、祭祀等生活密切相关，是生活的直接反映。

在中国古代的传说中，从人类始祖伏羲女娲到各时期的氏族首领，都有自己的乐舞。

伏羲氏舞名《凤来》，唱《网罟》之歌，歌颂伏羲发明结网、教民渔猎的功绩；女娲舞名《充乐》，是颂扬伏羲氏发明网罟，教民捕捉鸟兽和女娲制定婚

配、教民嫁娶的业绩的。传说中牛首人身的炎帝，是以“羊”为图腾的羌族的先祖，炎帝的乐舞《扶犁》，唱《丰年》之歌，是歌颂炎帝教民播种五谷，发明农业的功绩，尊称他为神农氏。阴康氏舞名《大舞》，教民体育锻炼，以抗阴湿之病。葛天氏舞名《广乐》，三人操牛尾而歌八阕（段），祈求五谷丰登，鸟兽繁殖，该乐舞共有八段，每段表现一个主题。黄帝的乐舞叫《云门大卷》，简称《云门》，又名《承云》，这与黄帝部落的云图崇拜有关，除了图腾崇拜的意义外，还在于歌颂黄帝的功绩，赞美他团聚万民、盛德如云；同时还有祈求丰收的含义，因为其另一个名字叫做《咸池》，在中国古代星象观念中，咸池星是主管五谷的。帝尧是远古圣君，《尚书·尧典》载：“昔在帝尧，聪明文思，光宅天下。”意思是说他仁德如天，智慧如神，因此尧的乐舞就叫做《大章》，意思是尧之仁德章明于天下，《吕氏春秋·古乐》记载：尧帝时，命质创制乐舞，质模仿山林溪谷的声音创制了乐歌，用麋鹿皮蒙在瓦罐上制成鼓伴奏，于是大家便跳起百兽之舞；后来，尧又对《大章》进行了修改，吸收了黄帝的《咸池》，名曰《大咸》。《大韶》是帝舜时期的乐舞，《韶》又名《箫韶》，传说是歌颂舜的，实际上，原始的《韶》舞，原本是一种狩猎后欢庆胜利的群众性集体歌舞：当原始人狩猎归来，向祖先献上猎获物，并狂歌劲舞之时，有人披上兽皮，有人戴着鸟羽，模仿鸟兽动作，在排箫声中，凤凰自天而降，舞蹈达到了高潮；主要伴奏乐器，是用竹管编排而成的乐器“排箫”，舞有九段，九种变化，所以有“箫韶九成，凤凰来仪”的说法；后来这个乐舞经过周代的加工，成为后世“文舞”的代表作，影响很大，《论语》中还记载，孔子在齐国听了《韶》乐后，居然“三月不知肉味”，并评价它是一个尽善尽美的作品。

这些远古氏族的乐舞，反映了充满着青春与力量的斗争生活，也反映了原始宗教的祈求幻想和巫术礼仪。

2. 原始舞蹈的特点

（1）粗狂简约的形式

原始人的舞蹈，并不单是为了审美，这些表情达意的形体

动作是原始人发泄本能的情绪情感和实现生存欲望的必要手段，也就是说，先民们维持生存的一些方式，包括采集、狩猎、起居，以及最原始的愿望、要求、情绪显现，都是依靠身体动作机能发挥作用，所以，动作浓缩了原始人的思想情感、情绪和激情，孕育了原始舞蹈，而原始舞蹈又孕育了原始文化。

粗粝、神秘、狂放与率真，这在各地崖画中表现十分明显，是原始舞蹈的显著特征，无论是图腾舞、祭祀舞、狩猎舞、战争舞，还是完全没有功利目的、仅以发泄情感、宣泄生命情调作纯“疲劳性的动”的舞蹈，都不同程度地体现着这样的美学特征。例如，在内蒙古阴山崖画中，有一个杀掉战俘祭祀神的画面：一人兴奋起舞，脚下一颗滚落的人头，被砍掉头颅的尸体张臂置于另外三个舞者的上方。

早期原始社会中，没有专业的舞者，原始舞蹈一般都是集体的群众性活动。原始舞蹈和音乐、诗歌是密不可分的，具有载歌载舞的特点。

(2) 巫术礼仪与原始舞蹈

当原始人还不能正确认识和控制自然力量的时候，就产生了原始的信仰和宗教观念。在原始氏族中间，这种信仰的仪式与礼仪通常在舞蹈中得到直观的体现。

除了依靠崖画上的形象，我们还可以从一些历史资料和至今仍保留着氏族社会遗制的边远少数民族的风俗中来了解原始舞蹈的风貌。据记载，萨满跳神时，身穿神衣，头戴神帽，左手持鼓，右手拿槌，边跳跃，边吟唱，音调极其深沉。当鼓点逐渐加快时，萨满下巴哆嗦，牙齿咬得咯咯作响，双目紧闭，周身摇晃，表现出神灵附体时的痛苦情状。每至极处，萨满会双脚顿地，蹦跳不已，并往返奔窜，急速旋转，挥舞双臂，东挡西击，嘴里还发出噗嗤噗嗤的用劲的声音。其神衣上的缀饰物件，锵锵撞击，情状异常紧张。有时萨满几乎昏厥，经人扶起，仍然挣扎着继续。有时候，由众多萨满集体跳神，其景象更为壮观。

(3) 劳动与原始舞蹈

恩格斯在《劳动在从猿到人转变过程中的作用》中说：“劳动创造了人本

身。”我们的祖先——猿人，在求生存的劳动实践中，学会了使用工具和制造工具。这就使人与动物区分开了。大脑逐渐发达，肢体直立，脚和手有各自不同的用处，使人具备了便于劳动的身体和可能舞蹈的形体。

劳动是人类之母，也是艺术之母。人类的祖先在劳动中，发现美、创造美、体验美，领略和享受劳动的欢愉和快乐。劳动先于舞蹈且给予了原始先民创造舞蹈的原动力。劳动不但创造了舞蹈的表现形式，培养和发展了人类创造舞蹈艺术的才能，陶冶了原始人对舞蹈的赏析能力，也为原始舞蹈提供了动作以及动作的内容和节奏。劳动的节奏和呼号，也为音乐和诗歌提供了音调和韵律。

3. 原始舞蹈的社会意义

(1) 原始宗教的祈求幻想

原始舞蹈在今人的眼中，充满了一种野性的美，但对于原始人来说，审美或艺术创作并不是他们跳舞的目的。原始人跳舞，完全是出于一种祈求幻想，一种相当实用的目的与需要。例如《尚书》所记的“干羽舞”。禹继舜位以后，有苗部落不服管辖，舜命禹率兵征讨，和有苗交战三十天，未能征服有苗。最后，尧、舜采纳建议，收兵回师，大施文教，改为让人拿着盾牌和羽毛在台阶上跳舞，以文克武，以德化人。七十天后，有苗归顺了。战争舞一般是在战前或战后举行，战前多是一种军事演习，战后则多是庆贺胜利或者刺激复仇的斗志；而战争舞的盛行与原始社会的相互争夺、杀戮密不可分。

原始舞蹈真实地再现了劳动生产、捕猎的全过程，这不仅重复体验斗争与胜利快感，更以此来传授劳动和狩猎的技能，并以此感染和鼓舞集体。原始舞蹈还有锻炼武士、教育儿童的作用：原始先民艰苦的生活条件要求每一个成员具有强壮的体魄和健全的意志，并且从小就培养劳动的知识和习惯。同时，原始舞蹈记录历史，有着向氏族后代进行传统教育的效果。又如《阴康氏之乐》、《吕氏春秋·古乐》记：“昔阴康之始，阴多滞伏而湛积，水道壅塞，不行其原，民气郁阏而滞著……故以舞以宣导之。”可见舞蹈最初还被作为强身

健体的手段。

(2) 生息繁衍的生命激情

原始舞蹈的基本出发点在于通过舞蹈的实用功能，有力地促进人类自身的生存与发展。它体现着高度的生命情调，因为原始人跳舞，在于实现人的生命本质，追求自己的生存和发展。舞蹈使他们在自身肢体的运动中感受生命的真实与伟大。原始舞蹈是在人类生存发展的目标刺激下生命情调最直接最热烈最纯粹最充分的表现。它的情感表现有两种形式，一种是模拟再现，如模拟再现战争或狩猎过程，另一种是力动表现，这是一种剧烈的、紧张的、疲劳的动，是一种感受生命的真实的途径。因此闻一多先生将原始舞蹈的性质总结为四点：以综合性的形态动员生命；以律动性的本质表现生命；以实用性的意义强调生命；以社会性的功能保障生命。

可见，原始舞蹈是生命情感的活力与基调，展现着一种崇高的美，一种令人激动、震撼、敬畏和神秘的美，是不折不扣的生命之舞。它演绎了人类幼年时期为生存而战、为生命而斗的艰苦卓绝和壮丽惨烈。原始舞蹈创造了人类早期的审美文化，那种极致的生命关怀直至今天，仍应是现代人的一种终极性的追求。

二、从荒蛮到文明——夏、商、西周与春秋战国时期的舞蹈

原始社会经过长期的发展演变后，逐渐向奴隶社会过渡。夏禹以前的氏族领袖都由选举产生，自从禹传位给自己的儿子启以后，就开始了我国古代历史上“家天下”的局面。启执政以后，夏代步入奴隶社会，经历商、西周以及春秋，约一千六百多年，是我国的奴隶社会时期，战国时期我国逐渐步入了封建社会。

随着奴隶社会的建立，舞蹈告别了它的原始时代，不自觉地从原始时期那种神秘崇高的生命形态中走了出来，并且从全民性的活动逐渐演变成一部分人的艺术活动、宗教活动以及歌颂统治者的记功活动，并成为统治者治国的手段。

在这一时期，我国舞蹈走出荒蛮，走向文明，并加快了步伐，很快走向了成熟。阶级的出现，使舞蹈艺术也发生了分化，走上了不同的发展道路。原为全氏族所共有的原始舞蹈，一部分被奴隶主所占有，发展成专供王室和贵族享乐用的仪式和表演舞蹈，舞蹈步入表演艺术领域；而另一部分则继续盛行在下层民众之间，成为以自娱为主的群众性舞蹈。

1. 乐舞

(1) 奴隶社会的记功舞蹈与观赏舞蹈——夏商的乐舞

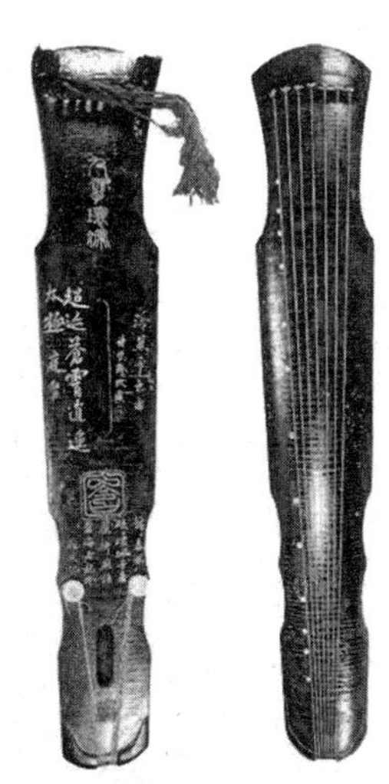

所谓记功舞蹈，就是反映和歌颂统治者功绩的舞蹈。中国历代统治者在取得王位之后，一般都要将自己的功绩或德政以乐舞的形式进行表演和宣传，即是“功成作乐”。中国记功舞蹈的早期形成，可以追溯到黄帝、尧、舜的《云门》、《大章》、《大韶》。

禹的乐舞叫《大夏》。禹是中国历史上有名的治水英雄，由于他治水有功，舜将首领的地位禅让给了禹。

为了赞美舜让位的贤德，庆祝治水胜利，部落举行了盛大的聚会，演出了《箫韶》，后来，禹又命人做《夏龠》，就是《大夏》。据说《大夏》演出时，舞者每八个人站成一行，称为一“佾”。舞者头上戴着毛皮帽子，袒露上半身，下身穿着白色短裙。右手持羽毛，左手持乐器“龠”，边唱边舞，颇为质朴、粗旷。季札看后，深深地被它的内容和表演所感动，说：“真美啊！像这样勤劳而又有道德的人，除了禹，谁能比得上呢？”季札的话，虽然带有过分赞誉的成分，但也说明《大夏》的内容确与大禹治水有关。所以商周以来，它一直被奴隶主贵族用来作为祭祀山川的乐舞。《大夏》已具有一定的艺术性。它共分“九成”（九段），用“龠”伴奏，又称“夏龠九成”。“龠”像是用数根苇竹制成的管子，周围用绳子捆扎在一起，管子上端有一个吹孔，可以吹奏发声。一个龠，可吹出数个不同的乐音。这种乐器，就是后来“箫”（排箫）的前身。《大夏》用这种乐器伴奏，比起“击石拊石”的原始乐舞来，要进步多了。不过，因其乐音较少，推想其曲调可能比较简单。

《大濩》是商代著名的乐舞，汤灭夏，自立为王，命伊尹作《大濩》，是歌颂开国功勋的（《墨子·三辩》、《吕氏春秋·古乐篇》）。汤死后，汤的后代把《大濩》作为祭祀祖先的乐舞。这在甲骨文中有记载，是汤的后代占卜问是否用濩来祭祀。”（《殷虚书契前编集释》）伊尹是著名历史人物，他是汤的谋臣，商的相国，历佐商朝三代，官拜阿衡之职。大濩的“濩”通“护”，意为为成汤救护万民。到了周代，《大濩》的音乐已经变得宽厚温良。

启是中国奴隶社会的第一个统治者，他喜欢观赏性的舞蹈，《山海经》和《竹书纪年》中都有：相传启在即位十年到大乐之野巡狩时，组织演过《九韶》，把前代神圣的祭祀乐舞用来自己享乐。启的子孙多步其后尘。在夏朝第六代王少康和十六代王发即位时，四方民族便投其所好，为少康和发献上本民族的乐舞。这种行动固然促进了民族乐舞文化的交流，但同时也说明夏朝帝王醉心乐舞是人所共知的。

(2) 宫廷乐舞成熟的体系：《六代舞》与《六小舞》

周代“礼乐”意义上的“乐”，主要指雅乐。雅乐与俗乐相对，多用于祭祀

和宫廷。周代雅乐的主要内容有《六乐》，即《六大舞》与《六小舞》，其中，《六大舞》也叫《六代舞》。

六代舞，相传是中国黄帝、唐、虞、夏、商、周六代的祭祀乐舞，总称六代舞。六代舞开中国古代雅舞之先河，代表古乐舞之正统，是封建社会礼教的一种象征。黄帝时代的乐舞称《云门大卷》，简称《云门》，或称《承云之乐》。相传黄帝氏族崇拜云，记事设官皆以云命名。《云门》是黄帝氏族祭祀云的图腾舞蹈。唐尧时代的乐舞，一说为《咸池》，也称《大咸》，乃黄帝氏族传下，尧增修沿用的乐舞；另一说是尧时仿山林溪谷之声以鹿皮蒙缶制成土鼓，击石拊石率百兽而舞祭祀上帝的《大章》，《大章》或即尧氏族本族的乐舞。虞舜时代的乐舞名《大韶》，又名《九韶》、《箫韶》，传说它的作者名夔，演出时“凤凰来仪，百兽率舞”。《大夏》是夏代乐舞，也称《龠夏》，传为皋陶所作，颂扬禹治洪水的功绩。六代舞的形式按史籍记载，《大夏》以上为文舞，象征以文德定天下；《大武》为武舞，象征以武功取天下，持干戚而舞。

周代改变前代原始乐舞由全体氏族成员参加的性质，并使巫术活动与乐舞分离，同时又继承前代乐舞的音乐舞蹈形式，编成声、歌、诗、乐配上舞蹈用以祭祀天地、神灵和祖先的乐舞，而且形成几套经王室审定的祭祀乐舞，统称周乐。舞诗有一定教化内容，舞队有一定象征意义，伴奏已有编钟、铙、镯、铎等金属乐器，磬等石制乐器，箫笛等竹制乐器，笙竽等匏形乐器，埙等陶制乐器，琴瑟等弦乐器和革鼓等打击乐器。这使周代乐舞有了八音具备的乐队和较为复杂的音律，又使宫廷乐舞规范化、等级化并形成制度。周代强调乐舞受政治、伦理的制约，并对乐舞的本质、审美、功能阐发了一系列理论，奠定了对后世有深远影响的正统乐舞观的基础。

“六大舞”主要用于周代宫廷祭祀礼仪，表演的场合隆重，人数众多，天子用“八佾”（64人的舞阵）的规格标准。而“六小舞”则是用于教育贵族子弟的乐舞教材，有时也用于某些祭祀场合。周代“乐师”的任务就是“掌国学之政，以教国子小舞”。“六小舞”包括《帔舞》（执长柄饰五彩丝绸的舞具而舞）、《羽舞》（执鸟羽）、《皇舞》（执五彩鸟羽）、《旄舞》（执旄

牛尾)、《干舞》(又叫《兵舞》，执盾)。多大年岁学什么舞，什么身份学什么舞，何人负责教授，何时组织会考，对不用功者如何笞罚，对成绩优异者怎样任官封爵等等，都有细致严密的规定。

周代是我国奴隶社会由鼎盛不断走向衰亡的时代，音乐到这时已成为奴隶主阶级进行统治的工具，其特点是等级森严。乐舞也由原来的崇拜“图腾”、歌颂祖先而改变为作为宴会和祭祀活动的形式，加上在用乐上采用了森严的等级制度，出现了僵化、静止的局面。但是商、周时代的中国可以说是当时世界奴隶制国家中最强盛的文明大国，不仅生产上处于世界领先地位，其音乐水平也达到了相当的高度。“六乐”的出现及其使用，各种新的乐器的出现和乐律学等方面的成就以及两代音乐机构的设置，音乐教育事业的兴办等等都足以说明，宫廷乐舞已有了成熟的体系。

(3) 专业舞者：巫与乐奴

最早的巫舞，舞者是不作限制的。到了氏族社会，出现了专职的神职人员——巫师。巫师承担着沟通人与神的使命。《说文》：“巫，祝也。女能事无形以舞降神者也。象人两袖舞形，与工同意。”由于“国之大事，在祀与戎”，所以氏族中的许多大事都要听从巫师的意见，有的氏族首领本身就身兼巫职。舞蹈是巫师行巫术的必然行为，巫师往往以巫舞或者带领众人跳巫舞来祈求神灵降下福祉、酬神还愿以及超度亡灵。而巫舞中有些高难度的动作，需要经过训练才能掌握，比如“禹步”就是巫舞中一种特有的舞步，晋代《抱朴子》一书中记载了“禹步”的步法：“前举左，右过左，左就右；次举右，左过右，右就左；次举左，右过左，左就右。”“禹步”在后来大概发展成为一种较特殊的小碎步，轻盈优美。另外，巫舞还常利用高难度的旋转技巧来加强其神秘感。

总之，由于巫的特殊地位以及巫舞难度的提升，巫成为了专业的行为。

由于奴隶主阶级对乐舞的享乐追求，决定了舞蹈表演性的开始，而乐舞奴隶的出现也就成为了历史的必然。乐舞奴隶是以歌舞供奴隶主享乐的专职人员。相传夏桀有女乐三万，《管子·轻重甲》中说，常常还在清晨，她们的歌舞之声就响彻了大道小路。《吕氏春秋·侈乐篇》中记载，桀对乐舞的要求是“以矩为美，以众为观”，就是说乐舞的规模要大，人数要多，讲究排场，形式华美。

甲骨文卜辞中的“舞臣”，据史学家考证，就是具有奴隶身份的职业舞人。乐舞奴隶除供奴隶主娱乐外，有时也参加祭祀活动。另外，在奴隶主死后，乐舞奴隶通常还要为奴隶主殉葬。河南安阳出土的武官村殷墓中，在椁室两侧的二十四具年轻女性骨架旁有舞具小铜戈，据考古专家认定，她们生前就是乐舞奴隶。她们创造了美妙的歌舞供奴隶主享乐，最终却只能任人宰杀。

但不可否认，专业舞人的出现，为舞蹈最终成为一门艺术准备了条件。

(4) 礼、乐并举

由于奴隶制的建立和奴隶主阶级享乐的需要，舞蹈从原始时期的生命形态逐渐发展成一种欣赏娱乐活动，形成了其表演性的特征。西周“制礼作乐”推出的《六代舞》和《六小舞》，首开中国古代雅乐舞之先河，确立了诗、乐、舞三位一体的格局。不论身体动作、音乐曲调还是词意表达，都要承担一定的社会伦理道德，并被限制在理性原则之内。乐舞的实施是要达到治国安民的目的，通过乐舞促使人们完善内在修养，并自觉遵守社会秩序，进而达到整个社会的安定。

“礼”和“乐”是有一种自身的内在联系的。首先，礼是包含了仁义礼智信忠孝悌廉等伦理范畴的，且是以宗法伦理情感为依托的。其次，乐舞本身就是一种以情感为中心的艺术，以“乐”求“礼”，就能收到事半功倍的效果。可见，礼、乐是相互补充的，一言以蔽之：即以“礼”来区分贵贱，又以“乐”来协调人际关系与情感，起到修心养性的作用。

可见，西周的“制礼作乐”是意在通过礼、乐的并举，促使社会的外在规范最终化为人们内在心灵的愉快和满足，从而产生强烈的社会情感力量，以致影响整个社会生活，导致群体的和谐与社会的稳定，达到天下大治。

2.宗教舞蹈

(1) 蜡祭、雩祭与傩祭

蜡祭是周代以歌舞祭祀与农事有关的一种祭祀礼仪，是一种庆祝丰收、报答神明的祭典。在古代，年终祭祀诸神谓之“蜡”，据说蜡始于神农氏时期。周朝，天

子在岁终举行蜡祭。周历的每年十二月，要邀请万物之神接受人民的祭礼，几乎会请到各个方面的神：蜡祭是岁终对八位农神的祭祀，一为先啬神，祭神农；二为司啬神，祭后稷；三为农神，祭古时田官之神；四为邮表畦神，祭始创田间庐舍、开道路、划疆界的人；五为猫虎神，祭其吃野鼠野兽，保护了禾苗；六为坊神，祭堤防；七为水庸神，祭水沟；八为昆虫神，祭以免虫害，是为了报答众位农神对农业种植的功劳和贡献，所以蜡祭在野外举行。这既是原始宗教信仰遗存的表现，又反映了中国古人最早的“仁义”意识——凡是曾经让人受益的对象，都一定要报答他们的功劳。比如迎请猫神，因为它帮助农民吃掉田鼠等等。蜡祭时，要吹短笛，打土鼓，并且要演奏《兵舞》和《巾有舞》。由于蜡祭是一种既敬神谢恩又庆祝丰收的祭典，加上祭祀时还有倡优扮饰所祭之神的表演，因此使这种祭礼具有了较强的娱乐功能。

雩祭是求雨的专祭。古代社会，农业生产是国家最为重要的经济来源。而在生产力较为低下的古代，农事生产又完全是靠天吃饭，天气是晴是雨，是旱是涝，乃至霜风雪雹，各种虫灾，都与当年的收成息息相关。早在商周时期，就有了与农业生产相关的宗教仪式和风俗礼制。甲骨文中的卜辞：“其自西来雨，其自东来雨，其自北来雨，其自南来雨?”就是商代为王者服务的巫师向上天祈福求雨的占验之辞。周代亦沿袭这一习俗。《周礼·春官·司巫》：“若国大旱，则帅巫而舞雩。”雩是祭天求雨的典礼。周代雩祭时规定用以鸟羽装饰的《皇舞》，此外，还有女巫的专舞——周代设有专事祈祷的女官，如果遇到天旱，就由女官以歌舞迎神，祈求降雨，以冀获得丰收。秦汉以后，原始的巫术文化被礼乐文化所替换，但是行雩礼求雨，仍然是国家制定的礼仪制度，分为“常雩”和“大雩”两种。“常雩”是在固定的时间、由皇帝进行的祭天祈福仪式，在每年的四月进行，不论天气是否干旱，都如常致祭。《礼记·月令》：“大雩帝，用盛乐。”大雩帝就是由皇帝主祭的雩礼。届时，有庞大的舞乐队伍伴奏，皇帝要佩戴冠高九寸的通天冠，冠额有用黄金制成的山岳形饰物。仪式上，皇

帝要祭祀上天和农神，祈求雨水及时而适量，无水旱之弊，由此物产富饶，人民安康。这种祭典举行时，有舞蹈、有呼号，驱逐旱鬼，祈求甘雨。

傩祭是以驱鬼逐疫为目的的祭祀仪式，因此在古代亦名“逐除”。傩祭的舞蹈特点很鲜明，故又称“跳傩”，其“跳”的部分叫做傩舞。周代每年要举行三次傩舞。第一次是在暮春三月，命令国都居民在国城外牲祭，以驱逐疫鬼、消除灾害，制止春季不正之气，此谓“国傩”。第二次在仲秋八月，天子举行傩祭，用以引导秋气通畅舒发，此谓“天子傩”。第三次在冬季十二月，命令官员举行大规模的傩祭，在国门旁杀牲祭神，制作泥牛送寒气，此谓“大傩”。由于傩是驱鬼之祭，所以傩舞猛厉恐怖，跳跃呼号震撼心魂。

(2) 巫舞

巫舞是巫术祭祀活动中的舞蹈，相信巫术的人们，希望通过祈祷、祭献等行为，求得神灵赐福。巫舞在夏商周三代发展得最具代表性的就是楚国的祠神歌舞，屈原的《九歌》是一个典型的例子。它奇异的想象、真挚的情感、精美的语言、流畅的节奏、优美的舞蹈，堪称我国古代祠神歌舞的一绝。

3. 民间歌舞的兴起

春秋战国之际，随着西周王权的崩溃，周初的礼乐政治遭到了很大的破坏，致使“礼崩乐坏”。“礼崩”是指周礼崩溃，而“乐坏”则是在基于维护周礼的立场上言指的西周雅乐被民间乐舞给扰乱了、破坏了。民间乐舞清新活泼且充满人间真情，而宫廷乐舞却在被固定下来后，变成经典的“先王之乐”，年复一年日复一日，一成不变，重复延续，原有的艺术感染力和生命活力逐渐丧失。

当雅乐的僵化形式对舞蹈的情感表达形成抑制时，舞蹈就会去寻求适合表现自己情感的形式，并且在新形式中生存、发展。所以，民间舞蹈成为春秋战国这一历史时期舞蹈发展阶段上的主流，乃是舞蹈的情感与形式矛盾的必然结果。

4. 乐舞理论的奠基：儒家、墨家与道家的乐舞理论

墨家认为，既然伴随着腐败政治的总是淫乱的乐舞，而且乐舞的演出需要耗费大量的人力物力，要想得到政治的清明和世道的公正，就必须抑制或排斥乐舞。因此，墨家明确主张“非乐”。道家则认为“天地有大美而不言”，“至乐无乐”，把非感官所能把握的自然界的节奏、韵律、和谐奉为最高级的音乐。而这种自然的“大音”是不需要具体的声音来表现的，“五音令人耳聋”、“大音希声”。很显然，这两种意见都是反对现实音乐的。墨家从被压迫的大多数人的利益出发，动机中有很强的“兼爱”民主的成分，然而这在那个特定的时代只能是一种幻想。从社会文化整体建构的角度看，也是消极不可取的。

道家看似不着边际的学说中，深刻地揭示了音乐的形式及本质与自然界的运动规律是合拍同构的这一重要特征，是很有见地的。但在自然规律与音乐形式的具体关联环节上，却不屑细加论述，导致武断的玄解，对一般人而言无异于天书，难得其有价值的要领。但这两种反对音乐的意见都有一个潜在的认识前提，都承认了音乐对人的情感的显著影响，只不过在他们看来，这种影响是消极或没有价值的。

对音乐持肯定态度的是儒家。在儒家看来，政治的兴衰成败，不在于要不要音乐，而在于要什么样的音乐。这就要求执掌政权的人必须具备很高的音乐素养。儒家学派的创始人孔子就是一个通音律、善演奏的行家里手，他在齐国专心学习《韶》乐，三个月中竟不知肉的滋味，可见其着迷到何种程度。他称赞《韶》乐尽善尽美，而《武》乐则美而未能尽善，把乐舞中的形式与内容统一起来考察，认为道德理想（善）与艺术形式（美）的和谐才算是音乐的最高境界，由此可见孔子非凡的理解能力和鉴赏水平。不仅如此，春秋时期流传于黄河两岸的民间歌曲，也是由孔子抢救整理出来的，这便是中国历史上第一部诗歌总集《诗经》。更为重要的是，一生致力于“克己复礼”的孔子并没有把礼

视为人生的唯一理想和终极目标。他说“兴于诗，立于礼，成于乐”，一个“成”字，清楚地表明孔子的理想归宿，不只是饱读诗书，也不仅要克己复礼、举止合度，还必须润之以良好的音乐（也就是艺术）素养，才算是人格建构的最终完成。显然，在孔子那里，理想的人生境界是不能没有艺术的，它包含着知识，又超越了政治。至少，内圣和外王在孔子那里是并行不悖的，他并不像通常人们所理解的那样，仅仅是个没落政治的顽固卫道士。这一特征在孟轲的思想里就更为突出，他已然不关心那些道德锤炼之外的权势淫威和丰功伟业了。“富贵不能淫，贫贱不能移，威武不能屈”的浩然之气，是孟子反复颂扬的人格理想。就黄河流域艺术的发展而言，偏重内圣的阳刚之气，是一个非常重要的人格基础。没有这个基础，作为艺术自觉前提的个性觉醒是很难实现的。由此可见，儒家的礼乐观念和人生理想，不仅是一个艺术社会学的话题，而且包含着人性的整体成长，也就是文化人类学的丰富内容。在儒家看来，不仅政治与艺术是密不可分的，音乐与教育、道德与审美、现实把握与终极追求，都是不容对立的。正因为如此，中庸之道就不仅仅是一面保守卫道的政治招牌，孔夫子为挽救“礼崩乐坏”所作的理论阐述才显现出其永恒的穿透力。

三、古代舞蹈的发展与高峰——从秦汉到隋唐

1. 秦汉乐舞的继续发展

秦汉时期，先是战乱，继而刘邦建立西汉王朝，我国走上了封建社会的上升时期，在大一统的局面下，国土辽阔、国力强盛、经济发达、人民生活较安定，文化艺术繁荣发展，舞蹈艺术的发展也出现了欣欣向荣的态势，在内容和形式上都比先秦时期有了很大的进步。同时，国内民族之间和我国与外国之间交往频繁，也给我国古代舞蹈带来了许多新的元素。另外，民间俗乐舞取得了合法地位，中央设立乐府，从各地广泛搜集民间歌舞，解决了宫廷雅乐僵化不变的局面。

(1) 雅乐舞的继续：手执袖、武器、乐器的舞蹈

汉代的乐舞融入了许多新鲜的元素，有了舞者手执长袖、武器、乐器等的舞蹈。

以手、袖为主的舞蹈有：《长袖舞》、《对舞》、《巾舞》、《七盘舞》等。四川成都杨子山汉墓出土的“宴饮起舞画像砖”中，全砖共刻有六个人物，均衣冠楚楚，除舞者外，一人鼓瑟、一人击鼓，三人凝神观看。中间有食案，有酒樽，还有各种饮食器具，左思《蜀都赋》：“吉日良辰，置酒高赏……迁长袖而起舞。”在河南南阳汉画像石上，一细腰舞人在跳跃的瞬间舞动长袖，一袖上撩，一袖曳地，体态舒展。沛县一幅“袖舞图”中细腰舞者长裙委地，扬袖回身而舞，对面一男子正垂袖与之合舞。陕西王得元墓汉画像石上，“中刻一亭，亭中坐两人，当是饮宴的贵族。亭左右两侧均有十余人的舞队，大多面向亭子，长裙曳地，抱手而立。其中三人举手张臂，长袖飘拂。脚下长裙两边饰有翘物，裙边上翻。甘肃出土的西汉摇钱树上，也有类似舞人”。“舞巾”在汉画像石中的形象也很多，如山东安丘汉画像石上，就有几个细腰长裙的舞巾人。舞巾舞袖这一表现性极强的舞蹈类别，在汉代已经走向成熟，且源远流长，直到今天，

戏曲舞蹈和古典舞神韵中的“水袖”以及“红绸舞”，都是古代巾袖舞的延续发展。

手执武器的舞蹈有：《剑舞》、《棍舞》、《戚舞》、《干舞》、《刀舞》等。《剑舞》在秦汉时代比较普及，因为剑是古代文人墨客君子武士随身佩带之物，《剑舞》有舞单剑、双剑和独舞、双人舞之分，山东汉画像石上有二人对刺的场面；四川彭县汉画像砖上，也有一人抬脚踏鼓、执双剑而舞的形象。《棍舞》即执棍而舞，多是双棍，动作以上下旋转为主，一般合着鼓点的节奏。《戚舞》是执斧而舞，河南南阳汉画像石上能够看到《戚舞》的形象。舞者双臂横开，蹲跨步执戚而舞，很是勇猛。《刀舞》即执刀而舞，汉代的《刀舞》不仅有对战场面，还增加了幻术，如山东曲阜汉画像石中的二武士，其中一人除执刀外，还口中喷火，另一人作惊异状。

手执乐器或打击乐器的舞蹈有：《铎舞》、《鞞舞》、《建鼓舞》、《兆鼓舞》等。《铎舞》是汉代的名舞，铎是一种大铃状的乐器；而从歌辞来看，《铎舞》在魏晋之际已演变成宫廷仪式舞蹈。《建鼓舞》是以木柱穿挂鼓的腰部将鼓竖立起来，鼓面直立，乐人一边击鼓一边舞蹈，各地出土的汉画像石中，有许多“建鼓舞”的形象，但史籍中并未发现“建鼓舞”这一名字，这是舞蹈史家们以其形式命名的，此舞是汉代较阳刚的舞蹈之一，舞蹈形象多为骑马蹲裆或箭步式击鼓，舞姿雄健英武，舞者多为男性，当然也有例外。

（2）明快的叙事性舞蹈：载歌载舞的《相和大曲》

汉魏的《相和大曲》，主要是一种兼有器乐演奏的歌舞曲。也有部分声乐曲和专称为“大曲”的器乐合奏曲。其主要作品有：《陌上桑》、《东门行》、《白头吟》、《步出夏门行》、《广陵散》、《大胡笳鸣》、《小胡笳鸣》等等。

相和大曲的结构形式多样。有的只用“曲”构成最简单的形式。如《东门行》、《雁门太守行》等；有的只用“艳曲”两部分，如《步出夏门行》；有的只用“曲趋”两部分，如《满歌行》、《擢歌行》；有的只用“曲乱”两部分，如《白头吟》。其完整形式则由“艳曲趋或乱”三大部分组成。

艳：一般用在曲前，个别的也用在曲后。东汉许慎《说文》

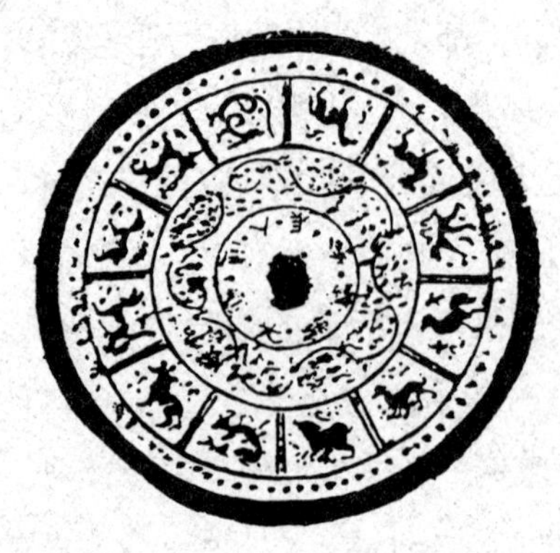

云：“艳，好而长也。”汉扬雄《方言》：“艳，美也。”今人杨荫浏认为“艳”是用以引起乐曲的一个华丽而婉转的抒情乐段。一般由器乐演奏，有时配以歌词歌唱。左思《吴都赋》“荆艳楚舞”注云：“艳，楚歌也”，看来艳最早可能来自楚声。

曲：乐曲主体，由分为若干“解”的唱段构成。解可多可少，没有定规。如《东门行》为四解，《雁门太守行》则为 八解。杨荫浏据《太平御览》引《乐志》“声徐者为本，声疾者为解”的记载，认为解是每段舒缓的歌唱之后紧接的奔放热烈、速度很快的一段音乐，一般由器乐演奏。

趋或乱：是乐曲结束部分。西汉刘安《淮南子》：“足蹀《阳阿》之舞，而手会《渌水》之趋。”《释名》：“疾行曰趋。”《礼记·曲礼注》：“行而张足曰趋。”可见它与舞步有关。据现有资料，趋均作为结束部用在曲后，且都配有歌词。据此推测，它可能是一个紧张而热烈的歌舞乐段。个别的如《黄老弹》则只舞不歌。

乱，最早用于商周以来的乐舞。孔子曾说：“《关雎》之乱，洋洋乎盈耳哉。”他满耳都感到“乱”的音乐之美。汉王逸《楚辞章句》曾说：“乱，理也。所以发理辞首，撮其要也。”认为乱的功用在于阐发全曲，总括其要点。三国孙该《琵琶赋》在讲到《广陵》等曲时曾说：“曲终歌阕，乱以众契。”意思是说，乱是在曲结束后将多个“契”（即“合”）加以整理、归纳。正因为如此，所以六朝隋唐间，乱又称“契”。唐人李良辅《广陵止息谱序》称：“契者，明会各之至，理殷勤之余也。”认为契是统一因素的最高表现，也是全曲总的尾声。现存琴曲《广陵散》的曲式结构中乱声十段，由来自大序、正声部分的尾声与来自正声各段的不同曲调相间组合而成。这样庞大的乱声，虽然不是经过总体设计，一次形成，而是经过许多琴家不断进行再创作的结果，但就其曲式的统一性原则而论，仍可证明王逸、孙该、李良辅的解释是符合实际的。乱的节奏紧凑，速度较快，是一个热烈奔放的结束乐段。它与趋的区别，可能在于乱无舞而趋有舞；或者两者曲式的内部结构有所不同。现存琴曲《广陵散》“序—正声—乱声”大部分尚保留着这种完整形式的大致轮廓。

⑶ 俗乐舞的热潮：百戏、杂舞与女乐

汉代百戏，指流行于两汉的各类竞技、杂耍、幻术以及乐舞、俳优戏和动物戏等。当时，并没有“汉代百戏”的叫法，而是多半沿袭秦朝的称法，叫作“角抵”，如“角抵戏”、“角抵奇戏”、“角抵诸戏”、“角抵百戏”等。“汉代百戏”是东汉以后对上述不同艺术表演形式的统称。由于百戏实际上是以杂技为主导的多种民间技艺的综合串演，所以后人也习惯把百戏看成是今天杂技的前身。而百戏真正的兴盛，则是出现于西汉武帝时期。桂湖新都博物馆陈列有一块《百戏》汉代画像砖：高 28 厘米，宽 49 厘米，新都利济出土。画像左边有一位头梳双髻的少女，在重叠的十二重案上表演倒立。穿紧身衣裤，窈窕细腰，双手倒立，反身如弓过肩，拆腰并足，凌空昂首，体态轻盈。案为长方形四足，层层叠起，间隔分明。右边一位椎髻，上身裸袒，足登木屐的男子，双手舞弄五丸，动作敏捷，侧头而视，神情自然。中间有一女子双手舞袖，双足踏在地上的盘子和小鼓，随曲起舞，姿态优美。这就是盘鼓舞，把杂技表演和舞蹈艺术巧妙地结合起来了。《百戏》汉代画像砖为古代中国和世界最早的杂技图。

杂舞是中国汉魏时期的俗舞。包括《公莫舞》、《巴渝舞》、《杯盘舞》、《白纻舞》、《鞞舞》、《铎舞》、《拂舞》等。《乐府杂录》说，这些舞“始皆出于方俗，后寖陈于殿庭”。魏晋以后，以鞞、铎、巾、拂四舞用于宫廷宴餐；隋代以后，去掉了所持器具，在宫中与杂技同时演出。

女乐，也就是乐舞奴隶，她们是继巫而起的真正专业歌舞艺人。到了秦汉，女乐活动更加普遍。《后汉书·马融传》：“常坐高堂，施绛纱帐，前授生徒，后列女乐。”而且女乐的拥有者从先秦到秦汉也发生了很大变化。最初由宫廷所有，到西汉后期出现了私家蓄女乐的现象，东汉以后私家蓄女乐则更为普遍，并且有时还被称之为女倡。这表明私家女乐自东汉以后开始向倡伎转变。汉代女乐作品繁多，最著名的是《盘鼓舞》，这一舞蹈技术娴熟、情感强烈、独舞与群舞并举、艺术表现力极强，它既有“罗衣从风，长袖交横”，飘逸美妙的舞姿，又有“浮腾累跪，跗蹋摩跌”的高超复杂

技巧，几乎代表着整个汉代舞蹈的最高水平。

2. 魏晋南北朝的各族舞蹈大融合

(1) 民间舞蹈:《清商乐》

清商乐，亦名清商曲，隋唐时简称清乐。是三国、两晋、南北朝兴起并在当时音乐生活中占居主导地位的一种音乐。它是晋室南迁之后，旧有的相和歌和由南方民歌发展起来的“吴声”、“西曲”相结合的产物，是对相和歌的直接继承和发展。由相和歌发展起来的清商乐在北方得到曹魏政权的重视，设置清商署。两晋之交的战乱，使清商乐流入南方，与南方的吴歌、西曲融合。这两者的风格虽较柔婉抒情，但由于语言、风俗习惯等差异，各具不同的特色。

清商乐与相和大曲相比，又有新的发展。它由三个部分组成：开头有四至八段器乐演奏的序曲，称为“四部弦”或“八部弦”；中间是全曲的主体，由多段声乐曲组成，每段歌唱的结尾都有一个“送”的尾句，称为“送歌弦”（张永《元嘉正声伎录》）；结束部分又分几个器乐段，称为“契”或“契注声”，这部分可以是多件乐器合奏，也可由一支笛子独奏。这种曲式结构发展到后来，便是唐代大曲。

清商乐的伴奏形式多种多样，“吴声”通常用箜篌、琵琶和篪（或加用笙和筝）组成的小型乐队伴奏，有时也单用一件筝伴奏，如《上声歌》“初歌《子夜曲》，改调促鸣筝。四座暂寂静，听我歌《上声》”（《乐府诗集》），就是用筝自弹自唱的实例之一。《西曲》有时是用筝和一种叫“铃鼓”的击乐器伴奏，歌唱者不奏乐器，站在伴奏者身边表演，称做“倚歌”。

清商乐中采用的“吴声”、“西曲”，多为五言四句一曲，比较齐整。也有少数歌词是由长短句构成的。《古今乐录》说：吴声“凡歌，曲终皆有送声”。从曲式上看，在每一唱段，即每一“曲”之后总要加一个尾声，称为“送”或“送声”。如《子夜》“送”的歌词为“持子”，《凤将雏》为“泽雉”。有时除“曲”尾的送声外，在“曲”的中间也可用“送声”，如《子夜变歌》（《乐府诗

集》引《古今乐录》)："人传欢负情，我自未常见。"(送)："持子三更开门去，始知子夜变。"(送)："欢娱我。"

清商乐中的题材，以表现爱情或离别之情居多，也有一些作品反映了人民的苦难生活，如"吴声"中的《阿子歌》："野田草欲尽，东流水又暴，念我双飞凫，饥渴常不饱。"它通过对一双鸭子的描述，曲折地反映了浙江嘉兴地区人民在东晋门阀士族统治下饥寒交迫的生活。在东晋和刘宋初期，宫廷清商乐创作中出现了一些较好的作品，其中以东晋桓伊创作的笛曲《三弄》比较著名。宋、齐、梁、陈各朝，清商乐的创作虽然大部是脂香粉气的艳曲，如陈后主的《玉树后庭花》、《春江花月夜》等，但也间有清新可爱值得玩味的佳作，如传为刘宋临川王刘义庆所作的《乌夜啼》和南齐檀约填词的《阳春》。

(2) 中外舞蹈的交流与融合

魏晋南北朝是古代中国第一次民族大融合的时代。不仅是乐舞，古代中国的文化、宗教、民俗第一次在魏晋南北朝时代碰撞交融最后形成以盛唐为代表的中华文明。魏晋南北朝以前的中华文明是单一的，乐舞也是单一的。到了魏晋南北朝时代，西域(这一地域不仅包括我国的新疆等地，还包括如今的西亚、地中海、意大利等以古希腊文明为根源的西方部分地区)众多乐舞随同其异域文明一并传入融合到中华故有的文明，形成一种新的具有中原特色的文化。此期间，社会的动荡、民族的迁徙，促使了中原乐舞文化与各少数民族的乐舞文化长期交流融合；同时，玄学之风形成了人们精神的解放和人格的自由，使其勃发出特有的艺术创造精神，这一切，促成了魏晋南北朝乐舞的变革，奠定了唐代舞蹈金字塔的基石。因为有了众多文化的冲突交融，才产生以唐代为代表的中华文明的高峰，可以说，魏晋南北朝的乐舞是唐代舞蹈走向高峰的序曲。

魏晋南北朝时期的乐舞曲目甚多，对于舞蹈有价值者分为雅乐舞与宴乐舞两类。雅乐舞是祭祀天地、祖先、诸神的正乐舞蹈，如《武德舞》、《四时舞》、《云翘舞》、《育命舞》等，舞蹈动作与庄重的雅乐相合，有固定的规范动作，显得机械而沉闷。宴乐舞多用取自民间的"杂舞"，这些杂舞吸收了民间舞蹈的精华，声情并茂，艳丽动人，舞姿也充满了生气，于是得以代替

郊庙雅乐舞，成为魏晋南北朝舞蹈的主流。西域乐舞沿丝绸之路东渐，首先影响北朝，由此而产生了著名的《大面》（或名《代面》）舞《兰陵王》。还有《五方狮子舞》与《胡旋舞》。胡舞以身体的形体动作而表达创作者的内心情感，中国传统舞蹈则以配合音乐与善于使用道具而著称，胡汉融合的结果是中国舞蹈从此令人耳目一新。

魏晋南北朝时期的乐舞开创了一个承前启后、南北交流、胡汉融和的艺术世界，在前所未有的各种乐舞、乐音组成的历史舞台上，中国人的性格与情感，得到了充分展示的时机。正是这样一种无所顾忌的文化氛围，培育出开放与创造的民族风貌，令后人长期追慕与回味。

3. 隋唐舞蹈的盛世景象

(1) 奠基之作：隋代燕乐

所谓“燕乐”，即中国隋唐至宋代宫廷宴饮时供娱乐欣赏的艺术性很强的歌舞音乐。又称宴乐。是以歌颂统治者，祝福朝代兴盛为主要内容的。宋人沈括在《梦溪笔谈》中说：“先王之乐为雅乐，前世新声为清乐，合胡部为燕乐。”隋唐燕乐继承了乐府音乐的成就，是汉族俗乐与境内其他民族以及外来俗乐相融合而成的宫廷新音乐。燕乐中包括多种音乐形式，如声乐、器乐、舞蹈、百戏等。其中歌舞音乐在隋唐燕乐中占有最重要的地位。它所使用的主要乐器有琵琶、箜篌、筚篥、笙、笛、羯鼓、方响等。

隋炀帝好尚华丽，集中了六朝以来流散在各地的乐工，常常做极豪华的表演。他把大型的宫廷乐队按照所奏乐曲的来源，分为“九部乐”。包括：清乐（传统音乐）、西凉（今甘肃）乐、龟兹（今新疆库车）乐、天竺(印度)乐、康国(即康居，今新疆北部及中亚)乐、疏勒乐、安国（中亚细亚）乐、高丽乐、礼毕(最后所奏，一说即文康乐)。其他以外国或外族名称立名的乐部，隋有七部，唐有八部。它们所演奏的乐曲是根据外来音乐重新创作的，并保存了较多的外来音乐的面貌，仍冠以外国或外族之名。自汉魏以来，大量吸收和消化外来音乐，

是这个时期音乐艺术高度发展的条件之一。

(2) 黄金时代:唐代燕乐

燕乐在唐代发展到了鼎盛。自周代开始，宫廷设立专门的乐舞机构，集中和培养专业乐舞人员，重视继承传统和吸收外来影响。至唐代，乐舞机构有太常寺、教坊、梨园、宜春院等，集中了大量技艺高超的乐舞伎人，重视舞蹈技巧的培养和训练。唐代继承了隋朝大一统的成果，既有南朝的清商乐舞，又有北朝时的西凉、龟兹、高丽、天竺、康国、安国、疏勒等东西方乐舞，特别是接受了西域各族乐舞的影响，旧乐新声，汉胡交融，促进了唐代乐舞的发展。

在唐代，从九部伎、十部伎发展到坐部伎、立部伎，以规模宏大的三大舞——《破阵乐》《庆善乐》《上元乐》为代表，有的气势雄伟，有的安徐娴雅，有的充满幻想色彩。三大舞可算唐代史诗型舞蹈的创造。代表唐代乐舞艺术高峰的是歌舞大曲。唐代大曲集纵向的继承和横向的借鉴二者之大成。汉代大曲在结构上有“艳”(引子)、“解”(乐段)、“趋”、“乱”(结束部分)等部分。大曲形式在唐代受了西域乐舞的影响，变得更加丰富完美，在结构上有“散序”(慢板不舞)、“中序”(有拍起舞包含“排遍”若干段)、“入破”(繁弦急节的高潮，包括“虚催”、“实催”、“衮遍”)、“歇拍”(结束前的缓板)、“煞”(急促的结束乐段)等，形成完整的表演艺术形态。《教坊记》记载，唐代有46种大曲，其节奏复杂、曲调丰富，结构严密，具有大型歌舞的高级形式。大曲中有一部分名为“法曲”，富于《清商乐》的优雅情调。法曲中的《霓裳羽衣舞》被誉为唐代舞蹈之冠。

(3) 矫捷雄健的健舞

“健舞”是指那些舞蹈动作风格健朗、豪爽的乐舞，著名的有《剑器舞》、《柘枝舞》、《胡旋舞》等。

唐代著名“健舞”有一个叫做《剑器》，舞姿健美，气势磅礴。杜甫《观公孙大娘弟子舞剑器行》诗，描写的就是公孙大娘在民间表演“剑器舞”的场面。公孙氏被召入宫表演，其技艺之精湛，高手云集的宜春院及梨园都无人能比得上。《津阳门诗》描写节日宫中献演盛况，有“公

孙剑技方神奇”句。该诗作者郑隅自注：“有公孙大娘舞剑，当时号为雄妙。”公孙氏舞《剑器》，节奏鲜明，舞姿雄健，富于变化。其淋漓顿挫之势，给草书家张旭、怀素以启示，因而草书大进。姚合《剑器词》有“今日当场舞，应知是战人。今朝重起舞，记得战酣时”句，可知《剑器舞》是一个富于战阵生活气息的舞蹈。《剑器舞》曾传入朝鲜，朝鲜古籍《进馔仪轨》绘有《剑器舞》图。宋代宫廷队舞“小儿队”有《剑器队》，还有《剑器》大曲。唐代的《剑器》舞是继承了前代的剑术。今日武术、戏曲、舞蹈中舞剑的各种技法，更是从古代剑舞发展而来。

《胡旋舞》也是唐代著名健舞，原为中亚一带的民间舞。唐有“胡旋女，出康居（今中亚撒马尔罕一带）”之说。隋唐《九部乐》、《十部乐》中均有《康国乐》部，“急转如风，俗谓之胡旋”。舞蹈伴奏以鼓为主，舞蹈特点是快速连续地多圈旋转。唐诗描写该舞旋转美如回雪飘摇，似蓬草飞转，像羊角旋风，若奔车轮盘。纵横腾踏应弦鼓，千匝万转不停歇。旋转舞动之急速，致使观众难分背与面。敦煌第220窟唐代壁画伎乐天急转如风的舞姿图，以及宁夏盐池唐墓出土的石刻舞人，都在一定程度上反映了唐代《胡旋舞》的风姿。唐代盛行《胡旋舞》，白居易《胡旋女》诗：“天宝季年时欲变，臣妾人人学圜转。”由此可见，《胡旋舞》在唐代真是风靡一时。至今中亚新疆一带的民间舞，在舞至高潮时，舞者仍会快节奏地连续旋转来抒发内心欢乐的激情。唐代除专门表演《胡旋舞》的舞伎外，杨贵妃、安禄山、武延秀等均是舞《胡旋》的能手。

《柘枝舞》是从西域传入中原的著名“健舞”。《柘枝舞》原为女子独舞，身着美丽的民族服装，足穿锦靴；伴奏以鼓为主，舞者在鼓声中出场。章孝标《柘枝》诗有“柘枝初出鼓声招”句，白居易《柘枝妓》有“连击三声画鼓催”。舞姿变化丰富，既刚健明快，又婀娜俏丽。舞袖时而低垂，时而翘起，即诗中所谓“翘袖中繁鼓”、“长袖入华裀”。快速复杂的踏舞，使佩带的金铃发出清脆的响声。观者惊叹舞姿的轻盈柔软。舞蹈即将结束时，有深深的下腰动作。唐诗中对《柘枝舞》的描述，与今日新疆流行的《手鼓舞》有许多相似之处。

(4) 优美舒缓的软舞

“软舞”则舞姿优美柔婉，节奏舒缓，著名的有《春莺啭》和《绿腰》。

《春莺啭》是唐代著名“软舞”。据《教坊记》载，唐高宗早晨听到莺叫声，命乐工白明达写曲，并将这个曲子称为《春莺啭》。白明达是著名龟兹（新疆库车）音乐家，所作乐曲可能有一定龟兹风格。唐人张祜《春莺啭》诗有：“内人已唱春莺啭，花下傞傞软舞来。”描写宫中技艺最高的“内人”，表演《春莺啭》柔曼婉畅的歌声舞态。《春莺啭》的音乐与舞蹈，都可能有描写鸟声、鸟形的特点。类比飞鸟的舞蹈古已有之，它们是狩猎生活的反映，也有图腾崇拜的遗迹。《春莺啭》曾传入朝鲜，《进馔仪轨》载：“春莺啭……设单席，舞妓一个，立于席上，进退旋转，不离席上而舞。”并绘有舞蹈场面图。一女舞者立方毯上而舞。日本雅乐舞蹈也有《春莺啭》，原在唐代传入日本，男子戴鸟冠而舞。其表演形式及风格，与唐代女子软舞不同，是日本民族化的雅乐舞蹈。

《绿腰》是根据器乐曲《六幺》编创的舞蹈。这是一女子独舞，唐代李群玉的《长沙九日登东楼观舞》对《绿腰》有详细的描述：“南国有佳人，轻盈绿腰舞。华筵九秋暮，飞袂拂云雨。翩如兰苕翠，婉如游龙举。越艳罢前溪，吴姬停白纻。慢态不能穷，繁姿曲向终。低回莲破浪，凌乱雪萦风。坠珥时流盼，修裾欲溯空。唯愁捉不住，飞去逐惊鸿。”这一舞蹈充分展示了传统舞蹈舞袖、运腰、求轻、重柔的风格化技艺，但它也和其他的软舞一样，不是一柔至终，而是柔中带刚。正如白居易所云“又有急乐”。而最令人赞赏的还在于舞蹈结束时留给观众“唯愁捉不住，飞去逐惊鸿”的审美意向和意境。

4.秦汉到隋唐的乐舞理论

秦汉时期的舞蹈，是以楚舞为基础并吸收了外域和边疆艺术的营养的，其艺术特征表现在思想美和形式美两个方面。在思想方面，汉代舞蹈突出反映了当时人们对于神仙幻想的追求，以及纷繁复杂的人间现实。而在形式美方面，汉舞继承了春秋战国以来讲求的轻盈之美，同时还有楚舞的风格，以折

腰、舞袖为一大特征。同时，汉代舞蹈还吸收了同时代的杂技、武术和幻术等姊妹艺术。总体说来，既有厚重的气势，又有内在的张力，还有古朴的柔美。

魏晋南北朝时期，士人们开始在观赏舞蹈艺术的同时，对舞蹈积极地进行理性的观照和评述，于是这一时期成为我国古代舞蹈理论形成的初级时期。有大量的文人用诗歌来表达他们对舞蹈艺术的赏析，这成为了一种类似于现代的文艺批评的东西。在这些舞蹈诗歌中，侧面反映了当时舞蹈的风格和士人们的审美理想，“情”、“妙”、“味”、“逸”的审美标准逐渐取代了儒家“乐而不淫，哀而不伤”的审美取向。

隋唐盛世，同时也是文化艺术空前繁荣的时期。隋唐两代继承和融合了南朝的汉族传统乐舞和北朝各民族乐舞，并在此基础上创造了丰富多彩的唐代舞蹈。供欣赏、娱乐的表演性舞蹈如风格独特的健舞、软舞；具有统一、严谨结构的大型多段套曲乐舞大曲等，技艺精湛、传播极广。在民间节日里有规模宏大、气氛热烈的自娱性歌舞活动如踏歌等。兼备了礼仪性、艺术性与欣赏性的宫廷乐舞燕乐如十部乐，大多以各民族国名、地名为乐部名称，是具有浓厚地方特色和民族风格的乐舞。坐部伎、立部伎的内容，都是歌颂当时执政帝王的，舞蹈形式富丽华美，多采用传统舞蹈。此外，寺院和民间还有具有一定欣赏价值的各类祭祀舞蹈以及带故事情节的、有人物角色的歌舞戏如《踏摇娘》等。在唐代，王公贵族、文臣武将、文人学士都以表演舞蹈为乐，以精于舞蹈为荣。虽然专业歌舞伎人社会地位卑贱，但舞蹈艺术本身却广泛受到人们的重视。统治阶级，特别是帝王本人对舞蹈艺术的喜爱和提倡，对舞蹈的发展起到了一定的推动作用。

四、古代舞蹈的继续发展与戏曲的逐渐成熟——宋元与明清

1. 宋代舞蹈——中原舞蹈的发展

(1) 唐代燕乐的继续：宫廷队舞

队舞是宋代的宫廷舞。分小儿队和女弟子队两大类。唐代即已有队舞，如王建《宫词》有“春设殿前多队舞，朋头各自请衣裳”，但还不普遍。队舞的音乐用大曲。宋代大曲的曲式结构沿用唐代大曲，分为三段：“散序”、“中序”和“破”。但因唐代大曲过于庞大，宋代仅采用其中一部分，据沈括《梦溪笔谈》记载，称“摘遍”。宋代队舞的主体是歌舞队。其他还有“竹竿子”（又称“参军色”），相当于现在的报幕人，因手执竹竿而得名，其作用在于引舞、念口号和向观众致词；另外伴奏的乐队称“后行”。宋代队舞演出有一定程式：先由“竹竿子”向观众介绍节目内容，多用四六对句的骈体文，称“致语”；然后引导歌舞队上场，称“勾队”；歌舞演完，“竹竿子”再度招呼全体歌舞队上场，称为“放队”或“遣队”。似有谢幕之意。中国舞蹈中的戏剧因素在春秋时代已出现，但到宋代宫廷队舞中表现得更为明显，已出现了角色分类、表演，加进了歌唱、致词等。今天，在素有汉族民间艺术宝库之称的陕西省，还保留着浓厚的民俗演艺之风，“队舞”仍旧随处可见。

(2) 民间舞蹈的发展：社火对舞、妓乐舞与巫舞

宋代的民间舞蹈艺术，是一朵中华舞蹈百花苑中的奇葩。它上承汉、隋、唐三代已成型的舞蹈种类和形式，下启元、明、清三代的舞蹈技艺和发展，在中华民族舞蹈艺术史上具有独特的历史地位。

就舞蹈类别而言，北宋东京的民间舞蹈大致可分为三大类：一是节庆时在街巷闾尾中所表演的“社火队舞”；其次是在勾栏、瓦肆中公开表演而在官贾豪门中暗中流行的“妓乐舞”；再次是具有某种宗教和迷信

色彩的“巫舞”和“傩舞”了。

在舞蹈风格上，北宋开封的民间舞蹈亦有婀娜多姿的“软”、刚劲雄浑的“奖”、风趣幽默的“谐”、神秘诡谲的“傩”之分，其“软”者多为“妓乐舞”。此种舞蹈具有鲜明的民族特色，有人曾总结为：袒胸露颈的开朗风格，三道弯的线条，泞、倾、圆、含的动律，轻衣长袖的服饰，旋转跳跃的舞姿，修眉流眄的风韵；含刚健于婀娜，寓神韵于婆娑。这些特点为朝鲜、日本及东南亚的民间舞蹈产生了深远的影响；“软”舞基本上是徒手而舞，或以带子之类作为舞具，伴奏多为弦、管乐器，以腰、袖动作的婀娜多姿见长。其“奖”者多为军汉、士兵、武人盛装而舞；该舞以鼓铎、兵器作为舞具，伴奏多为打击乐器，以雄浑的气势，粗犷的舞姿为其独有风格，且多和体操、技巧、杂技、武术相结合；今日开封流行的威风锣鼓，就颇具宋代遗风；“奖”舞在北宋时已与“剑器舞”合二为一，很少有单人和双人舞，也不再仅在饮宴时演出，而代之以大型舞队，有时有近千人同时起舞，场面颇为壮观。“谐”舞多为民间社火在大型节庆活动时表演，其风格诙谐滑稽；该舞同样也以舞队形式出现，是北宋百姓最为喜闻乐见的民间舞蹈；此类舞蹈大部分有较简单的故事情节，以幽默诙谐见长，且种类繁多，舞蹈动作简单易学，有相当一部分留传至今，如“舞鲍老”、“舞判”、“调龙耍狮”等。

“傩”舞是与宗教迷信分不开的。其形式诡秘，风格怪异，早期仅流行于古代宫廷，至北宋时流入民间，其作用是禳鬼、驱疫。开封旧时许多道教活动均可寻出“傩”舞踪迹。

(3) 由舞蹈走向戏曲：大曲与杂剧

宋代继承了唐代的大曲，又有所变化与发展。一方面，更加精炼，唐代大曲多到数十遍，宋代裁截应用，叫做“摘遍”；另一方面，更加综合，一部分已经综合地运用歌舞、乐诵来叙述与表演故事人物，戏曲艺术由此孕育；再一方面，更加单纯，一部分不含人物情节，只重音乐、舞蹈、朗诵表演，结构比较复杂，是对舞所用的曲子。

宋代是古代歌曲向戏曲艺术转化、发展的转折点，舞蹈已经开始被戏曲所

吸收融合，纳入戏曲的表演之中。

宋代的杂剧是由滑稽表演、歌舞和杂戏组合而成的一种综合性戏曲。北宋时盛行于东京，南宋时临安也很流行。演出时一般由四个角色组成，有的增添一人。北宋的杂剧分为“艳段”和“正杂剧”两个部分。“艳段”是在正剧上演前表演的一段日常生活中的熟事。“正杂剧”又分为两段，表演一个完整的故事，是杂剧的主体。到了南宋，杂剧变为三个部分，即“艳段”“正杂剧”“杂扮”。“杂扮”是由民间的滑稽戏演变而来的，作为杂剧之后的散段，又称“杂班”或“拔扣”。后来，北方的杂剧逐渐发展为元杂剧，南方的杂剧逐渐发展为宋元南戏。

2. 辽、西夏和金的舞蹈——少数民族舞蹈的发展

辽、西夏、金作为北方少数民族的政权，其乐舞文化既保留了本民族的特色，也吸收了汉族乐舞文化的成分。

辽的舞蹈极富北方草原游牧民族的舞蹈特色。辽为公元 4 世纪居住在我国北方潢河（西拉木伦河）和土河一带的契丹族。会同十年（947 年），辽太宗耶律德先进入后晋都城开封，改穿汉族皇帝服装。辽在侵掠汉族地区时，更进一步受到汉族经济、文化的影响。契丹族喜爱狩猎（辽庆陵壁画有很多鹿的形象），1972 年，吉林库伦旗发现道宗（1055—1101 年）时辽墓，墓门洞和天井有巨幅彩绘壁画，左壁画有出行图。在乐舞方面，契丹族在建国后仍保留着很多原始的习俗，如：在契丹族的发祥地木叶山，举行祭山仪式并绕树而舞；在“瑟瑟仪”中祭祀太阳神；在“岁除仪”中祭祀火神。这是辽本民族的乐舞，此后逐渐吸收汉族乐舞文化。据《辽史·乐志》记载，辽从后晋继承了唐代的遗制，用于宴会以区别于雅乐，这些乐舞在辽代称“大乐”。辽的“散乐”包括杂剧、歌舞、百戏杂技，是从后晋传来的。《辽史·乐志》记载：“今之‘散乐’、俳优、歌舞杂

进。”贵族士大夫家以及民间都有“散乐”演出。辽宫廷宴会上的舞蹈，礼仪隆重，大宴群臣和来使必有乐舞，辽帝还让回鹘、敦煌二使臣跳本地舞蹈。

西夏信奉原始的巫教，厮是专职的巫师，驱鬼治病。乐器有鼓、琵琶、箜篌。唐僖宗时，曾赐拓跋思恭“鼓吹”全部。夏的宫廷里有番汉乐人院的专门机构，西夏毅宗谅祚曾派使臣向北宋要伶官、工匠，并要求买化妆品和戏剧服装。黑水城曾发现戏剧底本《刘知远诸宫调》(金刻本)，可见金诸宫调已传入西夏。

女真族本是能歌善舞的民族。最初乐器有鼓和笛子。后来，汉族乐舞在北宋时也传入金朝，金太宗完颜晟天会五年（1127 年，北宋宣和七年)，北宋派出去金的使臣，记载了当时金朝的乐舞情况。乐器有腰鼓、芦管、琵琶、方响、筝、笙、箜篌、大鼓、拍板，曲调和中原相同，只是腰鼓下手边太宽，声音就低一些。舞者有六七十人，手露在袖子外面，回旋而舞（《宣和乙巳奉使金国行程录》)。百戏出场，有汉族《大旗》、《狮豹刀牌》、《讶鼓》等节目，所不同的是有五六个妇女，穿着鲜艳的衣服站在后面，各拿两面镜子，忽高忽低地动着，镜光闪烁，以制造热烈的气氛。金的乐舞仪式是吸收了宋的一套旧制而形成的，如雅乐有文武二舞，文舞名《保大定功之舞》，武舞名《万国来同之舞》。

3. 元代舞蹈

(1) 宗教舞蹈：《查玛》

元世祖时，藏传佛教的舞蹈《羌姆》由西藏传入，在元代中原地区称“查玛”、“参玛”，俗称“跳神”、“打鬼”，亦称“跳布札”、“布札克”。《羌姆》是在佛教密宗四部学说中的瑜珈部和无上瑜珈部的《金刚舞》的基础上，与西藏原始宗教——苯教的拟兽面具舞和鼓舞结合而成。公元 8 世纪乌仗那（今巴基斯坦境内）密宗大师莲花生向西藏传播密宗教义，建立桑耶寺后，经常演出这种舞蹈并逐步完善，此后喇嘛教宁玛派、萨迦派、噶举派、格鲁派按各自的教义发展这一舞蹈。忽必烈尊萨迦派第五代祖师八思巴为帝师后，八思巴建议

在大明殿大作佛事，喇嘛教有取代萨满教的趋势。作佛事要跳《查玛》，《查玛》原是西藏宗教舞蹈仪式，并有记录舞蹈跳法的舞谱。《查玛》随着喇嘛教得以传播，特别是到16世纪后，《查玛》大规模传入内蒙古；蒙古土默特部首领俺答汗统治漠南后，《查玛》更是广泛流行，到处鼓乐齐鸣，高歌劲舞。《查玛》吸收了印度和西藏舞蹈的精华，并赋予它蒙古族居住地区的内容和形式，不断从本民族的生活和传统舞蹈中吸取营养，人物造型反映了蒙古人的性格特征和形体美，在衍变中不断规范，并有了严格的训练方法，面具则发展到30多种。

(2) 民间舞蹈：《倒喇》

蒙古民族历来是欢歌乐舞的民族，蒙族民间舞如《踏歌》、《倒喇》、《筷子舞》、《酒盅舞》，至今流传在民间，是娱乐性很强的舞蹈，体现着蒙族人民的活力。其中《倒喇》的代表性最强。

《倒喇》（蒙语又歌又舞的意思）和现在流传于内蒙古杜尔伯特部族的《顶碗舞》以及广泛流行于鄂尔多斯民间的《筷子舞》、《酒盅舞》等，和佛教舞《灯舞》、《珠腊》都有很密切的渊源关系。《历代旧闻》曾谈道："元有《倒喇》之戏，谓歌也，琵琶、胡琴、筝皆一人弹之，又顶瓷灯起舞。"清代人吴长元著《宸垣识余抄》曾指出，《倒喇》是金代和元代的戏剧名，而且还引用了陆次云的《满庭芳》词："左抱琵琶，右持琥珀，胡琴中倚秦筝，冰弦忽奏，玉指一时鸣。唱到繁音入破龟兹曲，尽作边声。倾耳际，忽悲忽喜忽又恨难平。舞人矜舞态，双瓯分顶，顶上燃灯。更口噙湘竹击节堪听。旋复回风滚雪，摇绛烛，故使人惊，哀艳极，色艺心诚，四座不胜情。"从这一段生动的描绘，可以知道《倒喇》是一场优美动人的独舞，还有特技表演，不但头上顶灯，而且口里还吹奏着横笛。"双瓯分顶，顶上燃灯"，则指既顶双碗又顶点燃着的灯。

4. **元杂剧**

元代的戏曲艺术称元杂剧。元杂剧在中国戏曲史上是极为光辉的一章。它把歌舞、武艺、杂技和故事表演融为一体，戏曲舞蹈的逐渐成熟和自成体

系，就是从这个时期开始的。元杂剧中角色行当更为完整，“末角”就分出了“正末”、“外末”、“小末”；“旦角”分出了“正旦”、“外旦”、“小旦”、“老旦”等。所有角色的服装、旦末、化妆，都比宋杂剧、金院本精美华丽。他们的舞蹈在不断继承传统歌舞，吸收杂技、武术的融汇中更为丰富多彩。

宋元时代杂技与武术联合表演，被通称为“打拳卖艺，跑马卖解”。它们又共同融入杂剧之中，丰富了戏曲的做、打表演手段，成为独特的戏曲舞蹈。元戏曲吸收武术、杂技艺术有一个历史过程，首先是在表现战争和塑造民间草莽英雄人物形象的剧目中运用这些传统技艺，进而提炼发展使其舞蹈化，使之成为戏曲表演各类行当共同的武功基础。武术杂技用于戏剧表演，早在北宋即已开始。到了金元时期的北杂剧，这种短打武戏的表演又有了进一步的发展，把武术杂技与塑造人物形象结合起来，并在表演艺术中形成专门的一科。这专门的一科称作“绿林杂剧”或“脱膊杂剧”。

元杂剧除了直承武术、杂技的武打之舞外，还有两类舞蹈：一是生活动作的舞蹈化，在元杂剧的剧本中用一个“科”字提示，又称“科范”。这些动作往往是某一固定的情景的表述，有些后来发展为戏曲舞蹈程式，如前文提到的“打科”、“脚勾净科”。二是插入性的舞蹈，是从戏曲表演中显示部分舞姿。正是元杂剧在创作、表演艺术上的积累才使明清戏曲舞蹈得到了空前的发展。

5. 明清舞蹈的戏曲转型

(1) 沿袭旧制的宫廷乐舞

明太祖朱元璋初定天下，仍设教坊司，宴乐所奏乐曲主题多为安抚“四夷”，平定天下。至于明代雅乐，据《明史·乐志》记载，明太祖定都金陵（南京）后，立典乐官，冷谦（元末人，知音，善琴瑟）为协律郎，定乐舞制度，雅乐仍分“文舞”、“武舞”两大类。明代宫廷舞，大祀庆成大宴用《万国来朝队舞》、《缨鞭得胜队舞》，万寿圣节大宴用《九夷进宝队舞》、《寿星队舞》，冬至大宴用《赞圣喜队舞》、《百花朝圣队舞》，正旦大宴用《百戏莲花盆队

舞》、《胜鼓采莲队舞》。

明朝皇族郑恭王朱厚烷的儿子朱载堉，在音律、舞蹈、数学、物理等领域都有很高成就，他首先提出“舞学”一词，并制定了内容大纲，他引证古今设计了《灵星舞》，即汉代的舞蹈《象教田》，用十六男童表演的“生产舞”，并制《灵星小舞谱》，用舞人摆字，又撰写绘制《人舞谱》和《六代小舞谱》，意在恢复周代的“六舞”。包括《云门》执帔而舞，《咸池》徒手而舞，《大韶》执籥而舞，《大夏》执羽而舞，《大濩》执旄而舞，《大武》执干而舞。影响所及，清代祭祀乐舞也按这种模式编制。他的舞蹈动作姿态如“四势为纲”、“八势为目”等等，都成为封建礼教宗法制度和道德规范的载体。连边远的云南剑川石窟都有六舞形象，可见其影响之广。

清代统治者对乐舞十分重视，祭祀、朝会、宴享无不参照前朝汉族传统乐制而制定新乐舞。清代宫廷宴乐队舞的总名为《庆隆舞》，其中包括介胄骑射的《扬烈舞》和大臣对舞的《喜起舞》。舞的内容是有寓意的，开始乐队站两翼，歌者 13 人，奏《庆隆》乐章，表演《扬烈舞》，有穿黄画布套者 16 人，穿黑羊皮套者 16 人，各戴面具，跳跃扑跌，像奇异的野兽。又上骑竹马的 8 人，周旋驰逐，像八旗兵。一人射中一兽，群兽随而慑服。这时，《喜起舞》舞队上场，大臣朝服 18 人，对舞欢庆。

(2) 向地方戏发展的民间歌舞

明代商品经济的发展和市民意识的抬头，是民间舞蹈繁荣和发展的重要条件。而反映民间习俗和生活、给人们以欢快的娱乐和美的享受的民间舞，则是极富生命力的。

明清时期，每年从正月春节开始，一年中很多节日都有民间舞蹈活动，或称“社火”，或称“走会”，近世更称“花会”。社火队中有各阶层各色各样的人物，或戴胡人假面，或饰观音，或以金蟒缠身装神弄鬼。在宋代舞队、明代社火的基础上，清代的走会又有所发展，很多武术节目和民间舞蹈同时演出。

此外，明清还出现《刘海戏金蟾》的民间舞蹈。与宋、元不同，清代的《抬阁》和《高跷》增加了

人物和故事，戏曲进入《高跷》行列。清初著名文人曹寅以“柳山居士”之名著杂剧《太平乐事》，表演时十出有九出都有乐舞。历史悠久的民间舞蹈被纳入清宫表演，如《走会》在民俗节日为宫廷表演。乾隆皇帝曾封《走会》为《皇会》。慈禧太后垂帘听政时期，北京、天津的《走会》在春节、元宵、端午等各种节日进宫表演已成清宫惯例。

(3) 舞蹈艺术的衰落

就整个中国舞蹈发展的历史来看，明清两代，舞蹈处于逐渐衰落的阶段。其原因主要是：一方面，维护封建礼教的理学，严重地束缚了人们的思想，阻碍了舞蹈这种直抒胸臆的艺术的发展；另一方面，统治阶级不重视舞蹈艺术，舞蹈活动仅限于民间娱乐性质和业余性质，没有专业艺人和专业舞蹈团体来提高和发展它；再一方面，社会文化和群众欣赏习惯的改变，当时，戏曲进入全盛时代，人们更爱看直接描写生活、通俗易懂而表现手段越来越丰富的戏曲。而舞蹈，是戏曲表演的重要组成部分。戏曲舞蹈，直接继承了唐宋歌舞大曲和古代传统舞蹈艺术，经过历代戏曲艺人的加工创造，已形成一套完整的训练体系和表演方法。

(4) 戏曲艺术的规范与繁荣

清代是中华戏曲成熟的时期，经过昆山腔与弋阳诸腔的盛行、流布之后，戏曲艺术在全国各地兴起，形成了一个百花齐放的局面，这一局面的标志就是各式各样的民间地方戏的兴盛。清代地方戏，是自康熙中叶蓬勃兴起并相继流行于全国各地的多种民族、民间戏曲的统称。它们继承完善了中国戏曲唱、做、念、打和手、眼、身、法、步四功五法的完整的载歌载舞的表演体系。戏曲舞蹈作为一个独特的舞蹈体系，在清代戏曲舞台上确立起来。清代地方戏广泛吸收了杂技、武术与民间歌舞以丰富戏曲舞蹈。清代地方戏的全面发展也为戏曲舞蹈的丰富和系统化开拓了广阔道路。

京剧史家把四大徽班进京的乾隆五十五年左右至光绪六年定为京剧孕育到成型的时期，1880 年至 1917 年为京剧成熟期。乾隆五十五年，为给皇帝祝寿，朝廷从扬州征调了以高朗亭为台柱的“三庆”徽班入京，此后又有四喜、启秀、

霓翠、和春、春台等徽班进京献艺，而成一时之盛。在演出过程中，六班逐步合并为三庆、四喜、春台、和春这著名的四大徽班。他们吸收京腔、秦腔的剧目和表演方面的精华，逐渐形成各班不同的艺术风格。嘉庆、道光年间汉剧艺人进京，参加徽班的演出，徽班又兼习其长，正是在四大徽班进京之后，才为融汇二黄、西皮、昆、秦诸腔的京剧的产生，奠定了基础。戏曲成为宫廷、民间喜爱的艺术，这从清人戏剧册中的《斩子》、《空城计》和春节年画《金山寺》等大量表现清代戏曲演出盛况的文物中尽可看到。经过一个多世纪的淘涿、润化、融合，京剧声腔和表演体系逐渐形成。

6. 宋元到明清的舞蹈理论

中国古代舞蹈经过唐代的高度发展，到宋元时期，进入了舞蹈史上又一个阶段。

宋代重新组织了大曲和舞曲，多是队舞。有《剑舞》、《采莲》、《拓枝》、《调笑》等，有的虽与唐代同名，而内容已大为不同。宋代的都市娱乐，正向戏曲发展，舞蹈已开始被戏曲所吸收融合，纳入戏曲的表演之中。

从现有的历史资料来看，元、明、清三代的歌舞风貌不似前代那样活跃，但是宫廷祭祀乐舞和民间娱乐歌舞是不受时代局限的，它们始终拥有自己的位置和活力。

元代的宫廷之中，曾作《天魔舞》，其他舞蹈殊少举行。因元明为南北曲的戏剧时代，舞蹈为戏曲所代替，舞艺收摄于剧艺，舞人转化为剧人，上自宫廷士大夫，下到市民阶层，都对戏剧发生爱好。

在清代，对于乐舞很不重视。虽有用于祭祀的朝廷乐舞，其实只以枯燥的形式，作为上层的装点而已。而另一方面，随着戏曲艺术的兴起，不少优秀的古典舞蹈和民间舞蹈作为戏曲艺术的重要表现手段被吸收融合在戏曲之中，并随着戏曲艺术的发展而发展。

五、中国古代舞蹈机构的演进

西周的礼乐制度是奴隶社会政治文明的重大创造，集周以前古代舞蹈之大成。周代已经有了职业的乐帅，他们的任务就是“掌国学之政，以教国子小舞”。从西周时期开始，朝廷建立了学宫制度，贵族子弟开始学习“六艺”：

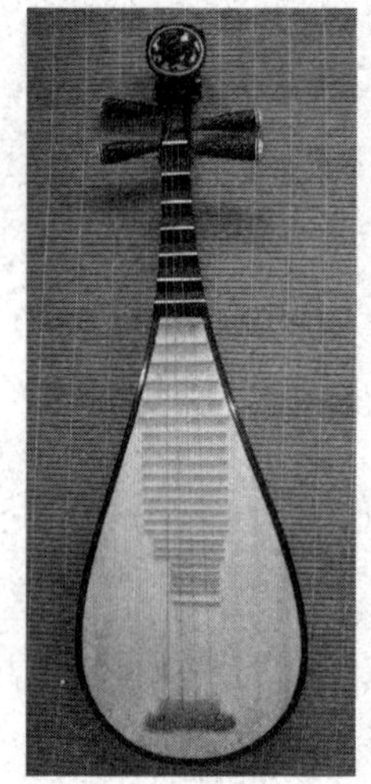

“一曰五礼，二曰六乐，三曰五射，四曰五驭，五曰六书，六曰九数。”（《周礼·地官》）即礼、乐、射、御、书、数等方面的教育。贵族子弟大都13岁入学，循序渐进，先学习音乐、朗诵诗和六小舞。15岁开始学习射箭、驾车和舞《象》。20岁时学习各种仪礼和六代舞。

秦代已有了乐府，秦二世曾在甘泉宫“作角抵俳优之观”。

汉代初年，高祖刘邦喜好民间的楚声、楚舞，并把俗乐舞用于宫廷祭祀。汉武帝扩大了“乐府”机构，任命李延年为协律督尉，大力采集民间乐舞，记录了吴、楚、燕、代、齐、郑各地歌诗314篇，乐府中的乐工舞人有800余名。这是我国古代官方舞蹈机构成熟的标志。

三国时代，曹操统治的北方，杂技百戏仍盛行不衰，“鱼龙曼衍，弄马倒骑”，曹操死后，其陵墓铜雀台的歌舞即是《清商乐》的开端，是来自民间经宫廷加工整理的乐舞。

两晋南北朝时期，各民族大迁徙、大融合，乐舞文化大交流，为隋唐舞蹈艺术的高度发展准备了条件。唐朝是我国封建社会舞蹈艺术的高峰时期，隋唐继承与集中了南朝的汉族传统乐舞与北朝的其他民族乐舞。隋唐时期，的乐舞艺术是当时最重要的表演艺术形式。音乐舞蹈广泛应用在宫廷典礼、集宴、节日和群众娱乐中，是各阶层最喜闻乐见的形式。当时，宫廷设置了专门的乐舞机构——教坊、梨园、太常寺，这些机构培养了大批专业艺人，养官伎、营伎和家伎盛行。这其中，唐玄宗起到举足轻重的作用，他极嗜俗乐，善羯鼓，厌琴瑟。唐朝盛时，隶属宫廷乐舞机构太常寺和鼓吹署的乐人、音声人、太常乐户子弟等乐工舞伎总数有数万人。开元二年，唐玄宗把演出燕乐的伎工从太常

寺分离出来设立了内教坊，又在长安、洛阳两地设置了四处外教坊。另外，宫中还设有梨园，特选的人才三百名，由玄宗亲自参与培训排练，人称“梨园弟子”。这时，我国古代官方的舞蹈机构已经相当完备。

两宋时期，舞蹈机构以官方为主的状态改变了。由于城镇数量的增加和扩大，人口大批流向城市，专业歌舞艺人不再由宫廷供养。勾栏瓦舍作为商业性演出场所，大大地促进了两宋舞蹈的发展，为艺人提供了谋生和传授技艺的场所。这些艺人在互相切磋和竞争中使各种表演技艺相互吸收融合。同时，勾栏瓦舍为民间舞蹈提供了生存的土壤，使民间舞队在固定场所演出，丰富了形式品种，出现空前繁盛的局面，与宫廷舞蹈平分秋色。

明太祖起于民间，其登基之前又经元朝近百年统治，中国宫廷传统乐舞的许多东西到这时候已经无传。从史书的记述来看，太祖登基前曾经有一段时间用女乐代替了朝贺的雅乐，这对于一个自命为正统的新朝显然是不合适的。因此太祖即位之初便命儒臣厘定雅乐，但是其效果并不理想。明永乐十八年建神乐署，顾名思义是一所专司祭祀音乐的道观。神乐观出现的历史背景是这样的，明朝初年的两位重要皇帝明太祖朱元璋和明成祖朱棣都非常虔诚地信奉道教神明真武大帝，认为真武大帝在争夺帝位的战争中保佑了他们，因此在一些重要的祭祀中使用道教音乐，明成祖甚至御制《大明御制玄教乐章》作为祭祀音乐的国家标准，而后者也被收录在道教经典集成《道藏》中。明神乐观的主要负责人为提点，其副手称为左右知观，此外还有协律郎、司乐等职务。

清乾隆年间由于神乐观游客过多，疏于管理，甚至发生了游客翻墙进入天坛禁地的案件，引起乾隆皇帝的不满，他将神乐观改为神乐署，遣散了神乐观原有的道士，改由八旗子弟中俊秀者充任，驱散了神乐署的庙会，并且禁止观中道士种植花木，但由于道士们配制的草药在民间颇有口碑因而观中各大药铺得以保留。清神乐署设有署正、署丞、协律郎、司乐等官职。当时京城各个皇家祭坛的祭祀乐舞生皆由天坛神乐署生员中选拔充任。

六、中国古代舞蹈审美特征的变化

远在三千多年前，殷商甲骨文中就有“六”的象形文字，这就是今天汉字的“舞”字。它是一个人两手拿着牛尾巴的形象，这表明了古代舞蹈的原始形态。《吕氏春秋·古乐篇》中记载着古代传说中有一个《葛天氏之乐》：“三人操牛尾，投足以歌八阙：一曰载民，二曰玄鸟，三曰逐草木，四曰奋五谷，五曰敬天常，六曰达帝功，七曰依地德，八曰总禽兽之极。”这是一种载歌载舞的形式，三个人手里拿着牛尾，边唱边舞来歌颂天、地、祖先，预祝五谷丰收，鸟兽兴旺。在《尚书·益稚》里还有这样的记载：“鸟兽跄跄”“凤凰来仪”“击石拊石，百兽率舞”。这就是说，在远古时代还没有发明鼓和乐器，古代先民们用石击打出节奏，狩猎者们披着各种兽皮，或头插翎羽，踏着强烈的节奏，摹拟各种鸟兽生动的形象而舞蹈。这样的舞蹈，古朴、简单、有较强的象形性和广泛的群众性，动作剽悍，线条粗犷，情绪激越，富有气势，显示了原始部族特有的群体力量。在远古时代，还有一种战斗舞蹈，狩猎者为了防御凶猛野兽的侵袭和部落间的并吞，凭借围攻野兽的勇敢行为，培养自己的坚强意志和战斗本领。因此，每一个机智的猎手，既是一个勇敢的斗士，同时又是一个技艺高超的舞蹈家。在漫长的原始氏族社会生活中，他们为了保护集体的安全，常常踏着一致的步伐，手举原始兵器，去迎击进犯的敌人，久而久之，便形成了与狩猎舞蹈性质相似的战斗舞。这种舞蹈紧张、激烈，多数为集体舞的形式，主要通过攀拟的手法，表现声东击西、冲杀前进的原始军事生活。它和狩猎舞一样，并不是一种单纯的娱乐和游戏，而是狩猎部落维持生存的必要活动，也是古代原始生活的真实反映。这类舞蹈的一个显著特点，就是不加掩饰地直叙生活过程。近年来，在内蒙古发现的“阴山崖画”和广西的“花山崖画”，都是古代人民生活最初级、最真实的生动写照。内蒙古和广西的舞蹈家，依据这些崖画而创作的舞蹈《阴山狩猎》和《花山战鼓》，则是更集

中更生动地反映了古代人民的狩猎和战斗生活。此时的“舞蹈”是人民生活的一部分，其实用性、信仰性要远大于观赏性。

随着历史的推移和社会生产力的不断发展，原始舞蹈便逐渐脱离了生产的直接需要，同时在形式上也逐步趋向多样化，被人们称为“乐舞”的，就是熔音乐、诗歌、舞蹈于一炉的一种艺术形式。当舞蹈进入宫廷后，便被历代专制王朝所利用，以歌颂其“文德”、“武功”，或在宴乐“大典”时供其享乐。相传夏的末代皇帝桀，就有女乐三万；隋炀帝时，宫廷乐人也达三万；唐玄宗时，宫廷乐舞伎人也有数万，可见其演出规模之宏伟。当然，这在我国古代舞蹈中，只是舞蹈活动的一个方面，或者说只是为少数上层统治者所利用的一个极有限的方面。但是，它对我国舞蹈艺术的发展，却起了十分重要的推动作用。专业的舞者使得舞蹈的技术、内容及专业程度都有了极大的提升。

我国的古代舞蹈家灿若群星、五彩斑斓，是我国极为宝贵的艺术财富。如汉代著名舞蹈家戚夫人、赵飞燕，前者被称为“善为翘袖折腰之舞，唱出入塞望归之曲”的舞者；后者也有“身轻如燕，能作掌上舞”的传说。可见其技艺之高超，舞姿之轻盈。唐代著名的民间舞蹈家公孙大娘，善舞《剑器》，诗人杜甫在《观公孙大娘弟子舞剑器行》一诗中，曾这样回忆当时的情况：“昔有佳人公孙氏，一舞剑器动四方。观者如山色沮丧，天地为之久低昂。”赞叹公孙大娘的剑舞惊心动魄，雄妙神奇。草书家张旭和怀素观看《剑器舞》后也深得启发，从而使草书大有进步。另一唐代舞蹈家杨玉环（杨贵妃）亦能歌善舞，尤擅《霓裳羽衣舞》和《胡旋》，她的舞蹈技艺，在诗人白居易写的《霓裳羽衣舞歌》和《胡旋女》中有极为详尽的描述。此外，还有许多著名的古代舞蹈家和舞蹈剧目。如晋代的绿珠善舞《明君》，唐代的谢阿蛮擅长《凌波舞》，表现龙女在波涛起伏的海面上翩翩起舞的情景。

当然，有关古代的舞蹈，只是散见于古代文献、诗歌的记载和描述、出土的陶瓷纹饰

以及古老的壁画、崖画之中，已无法窥其全貌。但是，它为我们考察我国舞蹈艺术日渐形成的独特风格，提供了非常珍贵的历史依据。

一切古代舞蹈都是流而不是源，无论它产生于哪个朝代，它都是不同历史年代的思想、信仰、生活、理想和审美要求的反映。如今，在首都舞台上所演出过的独舞《霓裳羽衣舞》、仿唐乐舞中的《白纻舞》、《面具·金刚力士》舞、《踏歌》、《剑器舞》和歌舞《观鸟扑蝉》以及《编钟乐舞》等，都是根据文献、史料、壁画的记载而重新创作的。这一部分作品的创作演出，一方面为复活我国悠久的古代舞蹈文化方面做出了贡献，另一方面也为我们欣赏古代舞蹈广开了渠道，使我们有机会身临其境地领略古代舞蹈文化的风貌。为此，每当欣赏古代舞蹈时，一则要弄清楚朝代的背景，二则要概略地熟悉其特定的风格、神韵，以便排除费解和疑虑，轻松自如地进行欣赏。

七、文化视野下的中国古代舞蹈

1. 舞蹈背后的中国古典文化

“文”的本义是指各色交错的纹理。对“文”作解释较早的是《易经·系辞下》中有这样一段话：“物相杂，故曰文。”“古者庖牺氏之王天下也，仰则观象于天，俯则观法于地，观鸟兽之文与地之宜，近取诸身，远取诸物，于是始作八卦，以通神明之德，以类万物之情”。这段文字中“观鸟兽之文”，就是指观察鸟兽身上的各色交错的纹理。后来，在此基础上，“文”字又有许多引申意义。其一，引申为文字，文章。在此基础上又引申为诗词曲赋。其二，引申为古代的礼乐制度，在此基础上又引申为法令条文。其三，引申为精神修养，在此基础上又引申为文采。其四，在礼乐制度和修养的基础上还引申为美，善，德行之义，如成语“文质彬彬”（《论语·雍也》）中的“文”即指文采和修养德行。总之，“文”在古人心目中，起初指纹理，后来又引中出近十几种引中义。其中，文字、文章、修养、德行与现在人们理解的“文化”一词的意义最为接近。

“化”的本意有三个方面：一是变化，二是生成，三是造化。主要指事物动态变化的过程。《庄子·逍遥游》中的“化而为鸟，其名曰鹏”中的“化”即指变化。《易经·系辞下》中“男女构精，万物化生”中的“化”即生成，化生也是生成。雌雄构精，于是生成各种动物及某些植物。以上三个本义，最基本的是指改变，变化，即事物形态或性质的改变。在此基础上，后来又引申为风俗，风气教化等等。“化”字的引申义与现代人理解的“文化”一词最相近的是“教化”，也即伦理德行的化成，如“潜移默化”。

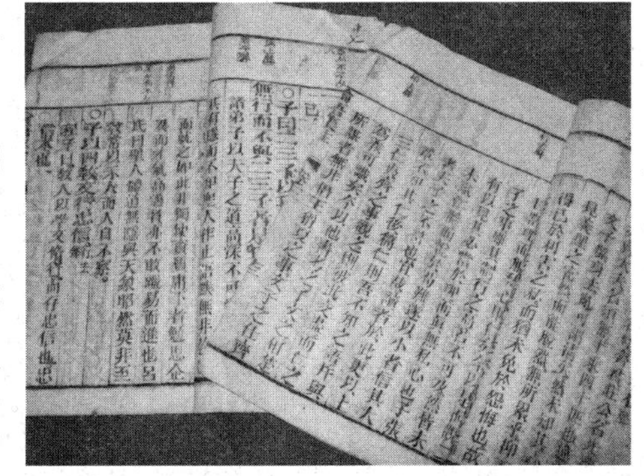

“文”与“化”并联使用（但不是一个整词）最早见于《易经·贲卦·象传》：“(刚柔交错)，天文也。文明以

止，人文也。观乎天文，以察时变；观乎人文，以化成天下。”其中“刚柔交错”四个字加括号，是今人补的。这段文字是任何研究中国文化的人不能忽略的。这段文字说，日月往来，阴阳并陈，刚柔交错成文，这就叫作“天文”。文化教育旨在使人行当所行，止当所止，这就叫做“人文”。治国者观察天文，用以认识自然界的变化规律，观察人文，用以教化，造就天下的人。很显然，这里所说的“天文”，既指“自然变化规律”，也指“人对自然变化规律的认识”。

这里所说的“人文”，既指社会变化规律，也指人对人伦社会规律的认识。“天文”、“人文”大致相当于我们今天所说的自然科学和社会科学。我们要注意的是，这段文字中“文”与“化”分开使用，但整段文字强调的是“以人文教化天下百姓”，具有明确的文明教化之意。

中国古典文化，有一种特别的气质。中国有着悠久和灿烂的舞蹈历史和文化，对于中国舞蹈的历史而言，不论在历史文物、文字史料还是戏曲的具体表演形式中，都有大量的记载和遗存。

2. 包含着东方神韵和精神

中国舞在人体形态上强调“拧、倾、圆、曲，仰、俯、翻、卷”的曲线美和“刚健挺拔、含蓄柔韧”的气质美。从出土的墓俑和敦煌壁画中不难看出这一点是由古至今一脉相承而不断发展演变的。如秦汉舞俑的“塌腰蹶臀”、“翘袖折腰”、唐代的“三道弯”、戏曲舞蹈中的 “子午相”、“阴阳面”、“拧麻花”，中国民间舞的“辗、拧、转、韧”等，无一不贯穿着人体的“拧、倾、圆、曲”之美。

在中国舞身韵的基本动作要素中，神韵是一个异常重要的概念。神是泛指内涵、神采、韵律、气质。任何艺术若无神韵，就可以说无灵魂。在古典舞中人体的运动方面，神韵是可以认识的，也是可以感觉的。而且正是把握住了“神”、“形”才有生命力，才能体味舞蹈所包含的真实意境。“心、意、气”是“神韵”的具体化。在心这一概念中，强调内涵的气蕴、呼吸和意念。可以

说，没了韵就没了中国古典舞。没了内心情感的激发和带动，也就失去了中国舞蹈最重要的光彩。人们常说“眼睛是心灵的窗户、眼睛是传神的工具”，而眼神的“聚、放、凝、收、合”并不是指眼球自身的运动，而恰恰是受内涵的支配和心理的节奏所表达的结果，这正是说明神韵是支配一切的。“形未动，神先领，形已止，神不止”，这一口诀形象、准确地表达了形和神的相互关系与内在联系。

“劲”即赋予外部动作的内在节奏和有层次、有对比的力度处理。中国古代舞蹈往往是在舒而不缓、紧而不乱、动中有静、静中有动的自由而又有规律的“弹性”节奏中进行的。“劲”不仅贯穿于动作的过程中，在结束动作时的劲更是十分重要的。中国古代舞蹈有如下几种典型的亮相劲头：“寸劲”——体态、角度、方位均已准备好，运用一寸之间的劲头来“画龙点睛”；“反衬劲”——给予即将结束的体态造型的一个强度很大的反作用力，从而强化和烘托最后造型；“神劲”——一切均已完成，而用眼神及肢体作延伸之感，使之“形已止而神不止”。

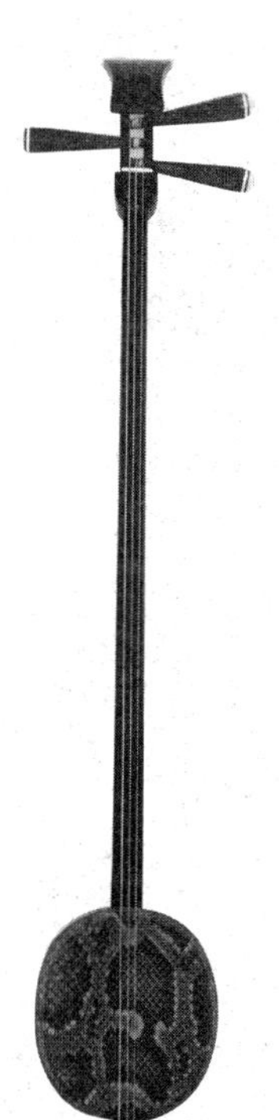

“律”这个字，它包含动作中自身的律动性和运动中依循的规律这两层含义。一般说动作接动作必须要“顺”，这“顺”是律中之“正律”，动作通过“顺”似乎有行云流水，一气呵成之感。“不顺则顺”的“反律”也是古典舞特有的，可以产生人体动作千变万化、扑朔迷离、瞬息万变的动感。“逢冲必靠、欲左先右、逢开必合、欲前先后”的运动规律，正是这些特殊的规律产生了古典舞的特殊审美性。无论是一气呵成、顺水推舟的顺势，还是相反相成的逆向运势，或是“从反面做起”，都体现了中国古典舞的圆、游、变、幻之美，这正是中国“舞律”的精奥之处。

这些特点，处处都反映着独特的东方韵味。